T0209534

essentials

essentials liefern aktuelles Wissen in konzentrierter Form. Die Essenz dessen, worauf es als „State-of-the-Art" in der gegenwärtigen Fachdiskussion oder in der Praxis ankommt. *essentials* informieren schnell, unkompliziert und verständlich

- als Einführung in ein aktuelles Thema aus Ihrem Fachgebiet
- als Einstieg in ein für Sie noch unbekanntes Themenfeld
- als Einblick, um zum Thema mitreden zu können

Die Bücher in elektronischer und gedruckter Form bringen das Expertenwissen von Springer-Fachautoren kompakt zur Darstellung. Sie sind besonders für die Nutzung als eBook auf Tablet-PCs, eBook-Readern und Smartphones geeignet. *essentials:* Wissensbausteine aus den Wirtschafts-, Sozial- und Geisteswissenschaften, aus Technik und Naturwissenschaften sowie aus Medizin, Psychologie und Gesundheitsberufen. Von renommierten Autoren aller Springer-Verlagsmarken.

Weitere Bände in der Reihe http://www.springer.com/series/13088

Désirée Schubert · Elsa Pieper

Nachhaltigkeitskommunikation in der Versicherungswirtschaft

Spielregeln, Erfolgsfaktoren, Trends

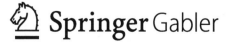

Désirée Schubert
Fährmann Unternehmensberatung GmbH
München, Deutschland

Elsa Pieper
Fährmann Unternehmensberatung GmbH
München, Deutschland

ISSN 2197-6708   ISSN 2197-6716   (electronic)
essentials
ISBN 978-3-658-22122-5   ISBN 978-3-658-22123-2   (eBook)
https://doi.org/10.1007/978-3-658-22123-2

Die Deutsche Nationalbibliothek verzeichnet diese Publikation in der Deutschen Nationalbiblio-
grafie; detaillierte bibliografische Daten sind im Internet über http://dnb.d-nb.de abrufbar.

Gedruckt auf säurefreiem und chlorfrei gebleichtem Papier

Springer Gabler ist ein Imprint der eingetragenen Gesellschaft Springer Fachmedien Wiesbaden
GmbH und ist ein Teil von Springer Nature
Die Anschrift der Gesellschaft ist: Abraham-Lincoln-Str. 46, 65189 Wiesbaden, Germany

Was Sie in diesem *essential* finden können

- Die wichtigsten Aspekte für CSR bzw. Nachhaltigkeit in der Versicherungsbranche.
- Die wesentlichen strategischen Erfolgsfaktoren der externen Nachhaltigkeitskommunikation.
- Eine Einschätzung zum Reifegrad der externen Nachhaltigkeitskommunikation von Versicherern.
- Eine Übersicht der Spezifika von externer Nachhaltigkeitskommunikation in der Versicherungsbranche sowie Trends und ausgewählte Praxisbeispiele.
- Eine Agenda zur Umsetzung der Schlüsselfaktoren für eine wirksame externe Nachhaltigkeitskommunikation.

Vorwort

Die Versicherungsbranche hat eine natürliche Nähe zur Nachhaltigkeit. Denn unser Geschäftsmodell ist in die Zukunft gerichtet. Das gilt etwa für die Lebensversicherung, in der vertragliche Verpflichtungen in der Regel erst nach Jahrzehnten eingelöst werden ebenso wie für die private Krankenversicherung. Letztere muss in der Finanzierung so ausgestaltet sein, dass sie für 30-Jährige funktioniert und zuverlässig ihre Leistungsversprechen für die ältere Bevölkerung erfüllt.

Ich persönlich sehe bei uns Versicherern geradezu eine Verpflichtung zu verantwortungsbewussten Handeln, weil wir Risiken von morgen und übermorgen heute schon im Blick haben müssen. Hinzu kommt: Wir Versicherer zählen zu den größten Anlegern am Kapitalmarkt – und tragen damit per se eine große Verantwortung.

Bei der Barmenia legen wir daher die Gelder, die wir für unsere Kunden verwalten, nach verantwortungsvollen Prinzipien an und bekennen uns zu den anerkannten Principles for Responsible Investment (PRI) der Vereinten Nationen. Darüber hinaus erwarten immer mehr Kunden nicht nur ein gutes Preis-/Leistungsverhältnis und einen herausragenden Service, sondern soziales Engagement und auch unser Eintreten für den Umweltschutz.

Bei der Barmenia sind wir uns schon lange bewusst, dass wirtschaftlicher Erfolg, soziale Verantwortung und ökologisches Bewusstsein eng miteinander verflochten sind. Deshalb haben wir unsere gesamte Unternehmenspolitik über die Jahre Stück für Stück an den Prinzipien der gesellschaftlichen Verantwortung ausgerichtet.

Meine Hoffnung ist, dass unsere Branche noch stärker als bisher ihre Potenziale nutzt, eine nachhaltige Entwicklung zu fördern und darüber zu sprechen. Dass auch andere Branchenakteure vorangehen, liegt in unser aller Interesse, da die großen gesellschaftlichen Herausforderungen am besten im Rahmen von

Partnerschaften und einem entschiedenen gemeinsamen Vorangehen nachhaltig bewältigt werden können.

In diesem Sinne freut es mich, dass sich mit Frau Pieper und Frau Schubert zwei erfahrene Nachhaltigkeits- und Kommunikationsexpertinnen die Nachhaltigkeitskommunikation der Versicherungsbranche vorgenommen und systematisch untersucht haben. Das vorliegende Buch verdeutlicht das enge Zusammenspiel von professioneller Nachhaltigkeitskommunikation und dem dahinter liegenden Nachhaltigkeits-Management.

Ich wünsche mir, dass wir in der Versicherungsbranche einen großen Schritt in Richtung Enkelgerechtigkeit gehen und das über unsere guten Versicherungslösungen hinaus. Die vielen Praxistipps im Buch ermutigen, sich auf den Weg zu machen und sich sukzessive zu echten Treibern für mehr Verantwortungsbewusstsein zu entwickeln.

Dr. Andreas Eurich
Vorstandsvorsitzender der
Barmenia Versicherungen

Inhaltsverzeichnis

Einleitung

Was haben eigentlich Versicherer mit Nachhaltigkeit zu tun?

Der Versicherungs-Fachjournalist und Professor der Betriebswirtschaftslehre, Prof. Dr. Matthias Beenken (s. Beenken, M. 2017) hat das Prinzip Nachhaltigkeit einmal auf die Versicherungsbranche übertragen. In seiner Konnotation bedeutet Nachhaltigkeit, dass Versicherte nie mehr aus dem Topf des Kollektivs entnehmen, als dauerhaft gebraucht wird, um alle Ansprüche zu befriedigen. Er macht klar, dass es sich damit nicht um ein freiwilliges Prinzip handelt, sondern dass dies gesetzlicher Auftrag ist. So betrachtet, geht es vorrangig um die dauerhafte Sicherstellung der Vertragserfüllung, was die Bafin zu überwachen hat.

Hingegen vertritt Dr. Marie-Luise Meinhold, Gründerin der „nachhaltigen Versicherung" ver.de, ein umfassenderes Nachhaltigkeitsverständnis:

> Nachhaltige Versicherungen leisten aktiv einen Beitrag zu einer nachhaltigen Entwicklung, indem sie das Produkt oder die Dienstleistung „Versicherungsschutz" mit dem Ziel verknüpfen, gesellschaftlichen Mehrwert in ökologischer und sozialer Hinsicht zu schaffen.[1]

Fakt ist: Das Gros der Versicherer verfügt qua Größe und Volumen der verwalteten Kundengelder über einen immensen Hebel zur Förderung einer globalen

---

[1] Was machen „Nachhaltige Versicherungen" anders? Dr. Marie-Luise Meinhold, Gründerin der „nachhaltigen Versicherung" ver.de (www.die-umwelt-akademie.de/index.php/veranstaltungen/rueckblick/umgang-mit-geld-rueckblick/645-was-machen-nachhaltige-versicherungen-anders-20-07-2017).

© Springer Fachmedien Wiesbaden GmbH, ein Teil von Springer Nature 2018
D. Schubert und E. Pieper, *Nachhaltigkeitskommunikation in der Versicherungswirtschaft,* essentials,
https://doi.org/10.1007/978-3-658-22123-2_1

nachhaltigen Entwicklung (s. Oliver 2017). Letztere erfordert, dass die Unternehmen neben der Rendite auch die sozialen und ökologischen Auswirkungen ihres Geschäfts berücksichtigen (s. World Economic Forum 2018).

Jüngste Beispiele aus der Branche belegen, dass unter dieser Prämisse die weitere Finanzierung oder Versicherung von Risiken fossiler Industriezweige, wie etwa der Braunkohleförderung, nicht zielführend ist. So verkündete die Allianz Versicherung bereits 2015 ihren Ausstieg aus der Kohle-Finanzierung. Das Gesamtvolumen des zurückgezogenen Kapitals umfasste rund vier Milliarden Euro[2]. Weitere Versicherer folgten: der französische Axa-Konzern hatte ebenfalls 2015 eine halbe Milliarde Euro aus Unternehmen abgezogen, die mehr als 50 % ihres Umsatzes mit Kohle erwirtschafteten. Die Kriterien wurden Ende 2017 verschärft und im Zuge dessen die Desinvestitionen auf 2,4 Mrd. Euro ausgeweitet. Außerdem wird Axa den Bau neuer Kohlekraftwerke und Geschäfte mit ölhaltigen Sanden nicht mehr versichern – und verkündet zugleich, bis 2020 Mittel im Umfang von 12 Mrd. Euro in klimafreundliche Technologien zu investieren.[3]

Zudem schreitet der gesellschaftliche Wertewandel voran; Kunden stellen immer öfter Fragen nach der Herkunft der Produkte und den Auswirkungen unternehmerischen Handelns (vgl. Balderjahn 2013; Helmke et al. 2015). Zahlreiche Studien belegen, dass Verbraucher heute eher Unternehmen vertrauen, die über ein glaubhaftes Nachhaltigkeitsmanagement verfügen.[4]

Doch welches Bild zeichnet sich ab, wenn man die nachhaltigen Bestrebungen der Versicherungsbranche detaillierter betrachtet?

Das vorliegende *essential* kondensiert die Ergebnisse eingehender Analysen aus den Jahren 2011 bis 2017, um hierauf Antworten zu geben. Der AMC, das etablierte Branchen Netzwerk der Assekuranz (www.amc-forum.de), war Auftraggeber dieser Analysen, die zuletzt als Gemeinschaftsprojekt mit der Fährmann Unternehmensberatung für Nachhaltigkeit aus München (www.faehrmannschaft.de) erhoben wurden.

2017 schien ein gutes Jahr, um das nach außen kommunizierte CSR-Engagement der Versicherer zu beleuchten, denn die Rahmenbedingungen hatten sich mit der neuen CSR-Berichtspflicht grundlegend verändert (vgl. Frese und Schubert 2017).

---

[2]Allianz steigt aus Kohle-Finanzierung aus, 23. November 2015 (www.sueddeutsche.de/wirtschaft/kohle-ausstieg-allianz-steigt-aus-kohle-finanzierung-aus-1.2751546).

[3]Versicherungskonzern sagt Adieu zur Kohle. 12. Dezember 2017. (www.n-tv.de/der_tag/Versicherungskonzern-sagt-Adieu-zur-Kohle-article20180868.html).

[4]https://www.bertelsmann-stiftung.de/de/themen/aktuelle-meldungen/2016/juni/bundesbuerger-vertrauen-gesellschaftlich-verantwortlichen-unternehmen/.

Von Freiwilligkeit keine Spur mehr und auch das immer wieder deklarierte Selbstverständnis der Versicherer, sie wirtschafteten mit der Absicherung zukünftiger Risiken ohnehin nachhaltig, dürfte spätestens jetzt ins Wanken geraten sein. Die gefühlte *natürliche Nähe* zu Nachhaltigkeit reicht längst nicht mehr aus, ebenso wenig wie Einzelmaßnahmen ohne strategischen Überbau (vgl. Schubert 2014).

Unsere Studien ergaben, dass die Versicherer dem Nachhaltigkeitsmanagement längst nicht dieselbe Bedeutung zuschreiben wie anderen strategischen Bereichen der Unternehmensausrichtung (vgl. Schubert 2017a). Auch der GDV als Branchenverband (www.gdv.de) zeigt bislang eine eher defensive Haltung zum Thema. Dafür spricht, dass er nach wie vor auf Freiwilligkeit pocht und sich zu aktuellen Themen wie „Klimaschutz von oben"[5] eher kritisch äußert. Der aufmerksame Beobachter sucht vergeblich nach Signalen, die auf eine treibende Rolle in Nachhaltigkeitsfragen schließen lassen.

Während also die meisten Versicherer sich in Zurückhaltung üben (s. Beenken, M. 2017), rückt Nachhaltigkeit bei Gesetzgebern, Investoren und Verbrauchern zunehmend in den Fokus (vgl. Michelsen 2007). Neue sozial-ethische Wertmaßstäbe spielen bei der Auswahl von Produkten und Unternehmen eine immer größere Rolle – und bieten Raum für Differenzierungen (vgl. Schrader 2005; Kirchgeorg und Greven 2008). Wir wollten wissen: Haben die Versicherer das rund sechs Jahre nach den ersten Analysen für sich erkannt?

Im Fokus unserer Betrachtungen von 2017 stand die **extern verfügbare Nachhaltigkeitskommunikation** von 120 deutschen Versicherern. Ziel war es, die Trends sichtbar zu machen, Impulse zu bieten für die weitere Professionalisierung all jener Versicherer, die bereits „nachhaltig aktiv" sind und zugleich Orientierung für jene, die noch am Anfang stehen. Ferner haben wir versucht, aus der Nachhaltigkeitskommunikation belastbare Rückschlüsse auf den Reifegrad des ihr zugrunde liegenden Nachhaltigkeitsmanagements zu ziehen.

Zum Zeitpunkt der Fertigstellung der letzten Analyse im Juli 2017 zeigte sich, dass viele Versicherer in Sachen externe Nachhaltigkeitskommunikation noch gar nicht losgelegt hatten, während andere sich zögerlich auf dem Weg befanden. Nur eine kleine Gruppe hatte Nachhaltigkeit auch strategisch ins eigene Geschäft integriert und vermittelte dies glaubhaft durch eine exzellente Kommunikation (vgl. Schubert 2017b). Entsprechende Beispiele finden Sie in Kap. 5.

---

[5]www.gdv.de/de/themen/kolumne/kolumne-joerg-von-fuerstenwerth/klimaschutz-von-oben-31216.

Gespräche im Nachgang mit Zuständigen aus den Versicherungshäusern ergaben, dass auch bis zum Jahresende nur wenig mehr Bewegung zu verzeichnen war. Auf Branchenebene gibt es immer noch kein gemeinsames Verständnis über die Notwendigkeit sowie die Inhalte und Prozesse bei der Umsetzung von Nachhaltigkeit. Der Anteil der Versicherer, die unternehmerische Verantwortung als Management-Konzept ganzheitlich umsetzen, ist gemessen an der volkswirtschaftlichen und gesellschaftlichen Relevanz der Branche unangemessen gering.

Überblick: CSR und Nachhaltigkeitskommunikation

2

Die Vielschichtigkeit des Nachhaltigkeitsbegriffs spiegelt sich in einer Vielzahl von Erklärungsansätzen wider. So verwenden die Versicherer in ihrer Kommunikation je nach Gusto Begriffe wie CSR (Corporate Social Responsibility), CR (Corporate Responsibility), Nachhaltigkeit, Verantwortung oder Engagement.

Wir verwenden der Einfachheit halber die Begriffe CSR und Nachhaltigkeit synonym und subsummieren darunter – wohlwissend ob der definitorischen Feinheiten – sämtliche Ausprägungen unternehmerischer und gesellschaftlicher Verantwortung im Kerngeschäft von Unternehmen.

Mit Nachhaltigkeitskommunikation meinen wir somit letztlich die Gesamtheit der Kommunikation zu CSR/Nachhaltigkeit, hier allerdings mit einer Einschränkung: Wir betrachten ausschließlich die extern verfügbare Nachhaltigkeitskommunikation. Also all das, was in der Sache an externe Stakeholder gerichtet ist. Wir wissen sehr wohl um die Bedeutung der internen Kommunikation von CSR/Nachhaltigkeit für die Durchdringung des Themas, können dies jedoch im Rahmen unserer Analysen nicht fassen.

Entscheidend ist auch zu verstehen, dass der aufmerksame Blick auf Art und Umfang der Nachhaltigkeitskommunikation Rückschlüsse auf den Reifegrad des dahinter liegenden Nachhaltigkeitsmanagements im Unternehmen zulässt. Oder vereinfacht ausgedrückt:

▶ „Ohne ein fundiertes Nachhaltigkeitsmanagement kann auch keine professionelle Nachhaltigkeitskommunikation stattfinden."

Unternehmen, die zum Thema mehr verkünden als sie leisten, riskieren, in die berüchtigte Greenwashing Falle zu tappen (vgl. Prexl 2010; Walter 2010). Erfreulicherweise haben wir über die Jahre hinweg keine dementsprechenden Beispiele

© Springer Fachmedien Wiesbaden GmbH, ein Teil von Springer Nature 2018
D. Schubert und E. Pieper, *Nachhaltigkeitskommunikation in der Versicherungswirtschaft,* essentials,
https://doi.org/10.1007/978-3-658-22123-2_2

in der Branche gefunden. Vielmehr zeigte sich in persönlichen Gesprächen mit Verantwortlichen, dass man vielfach zunächst den Blick nach innen richten und erst „die Hausaufgaben machen" möchte, bevor man mit gewichtigen Aussagen nach „draußen" geht.

Im Prinzip agieren die Versicherer also nach dem Vorsichtsprinzip, indem sie erst für belastbare Grundlagen sorgen (und diese zunächst intern kommunizieren) und erst dann an externe Anspruchsgruppen kommunizieren. Zugleich verschenken sie jedoch das Potenzial, wichtige Stakeholder mit auf die Reise zu nehmen, z. B. durch Dialogangebote (vgl. Brugger 2010). Hinzu kommt: Wer sich nicht zu Nachhaltigkeit äußert, z. B. zum eigenen Standpunkt oder Zielen, wird in diesem Kontext schlichtweg nicht wahrgenommen – wieder eine verpasste Chance.

Und dann ist in der Nachhaltigkeitskommunikation auch entscheidend, *worüber* ein Unternehmen überhaupt kommunizieren soll. Nachhaltigkeit umfasst ein breites Spektrum an Themen, doch längst nicht alle sind für Versicherer relevant und werden von den Stakeholdern erwartet (vgl. Facit Research 2016; Frese und Colsman 2017). Mehr dazu im nächsten Kapitel. Dass Versicherer gut daran tun, sich ausschließlich den wirklich wichtigen CSR-Aspekten zu widmen, beschreiben wir in Kap. 4, welches die Frage der „Wesentlichkeit" in den Fokus rückt.

2.1   Versicherer und ihre Stakeholder

Zahlreiche Versicherer verfügen schon allein aufgrund ihrer Marktgröße über bedeutende Hebel zur Förderung einer nachhaltigen Entwicklung. Schließlich verwalteten sie bereits 2016 über 1,5 Billionen EUR an Kapitalanlagen[1]. Wohin die Gelder fließen, also beispielsweise in Industriezweige mit starker Ausrichtung auf fossile Brennstoffe oder in Zukunftstechnologien, macht einen enormen Unterschied.

Als wichtigste Stakeholder der Versicherungen gelten Führungskräfte und Mitarbeitende (intern), künftige Mitarbeitende, unabhängige Makler und Vermittler, Anteilseigner/Investoren, Regulatoren, Kunden und Wettbewerber (extern) (vgl. Altenburger R. und Mesicek R.H. 2016, S. 6).

---

[1]Deutsche Pensions & Investmentnachrichten. 2. August 2016. (www.dpn-online.com/ Investoren-Pensionseinrichtungen/Versicherer/Versicherer-verwalten-1-5-Billionen-Euro).

Zu den relevanten Stakeholdern der Versicherer zählen die unabhängigen Makler und Vermittler. In einer Sonderbefragung hat sich die renommierte Studie „AssCompact TRENDS III/2017[2]" mit dem Themenkreis „Nachhaltigkeit" beschäftigt. Die Studie fängt regelmäßig die Vertriebsstimmung unter den unabhängigen deutschen Versicherungsvermittlern ein. Für 2017 kommt sie zu dem Schluss, dass die Maklerschaft sich durchaus offen und interessiert am Thema Nachhaltigkeit zeigt. Derzeit beschäftigen sich viele Makler aber noch nicht eingehend mit dem Thema und empfinden das Angebot nachhaltiger Produkte als noch überschaubar. Die Größe des deutschen Marktes für nachhaltige Produkte wird von den Vermittlern auf etwa 11 bis 15 % der Kunden geschätzt. Die gute Nachricht darin: Das zunehmende Interesse der Kunden an nachhaltigen Produkten wird auch von den Vermittlern deutlich wahrgenommen.

Bei der Frage, was für das Thema Nachhaltigkeit in der Finanz- und Versicherungsbranche spricht, dominieren in der Studie von Asscompact Schlagworte wie Trend, Image, Zukunft, Verantwortung und auch **Nachfrage der Kunden.** Dagegen sprechen wiederum Argumente wie fehlende Transparenz, höhere Kosten, Komplexität oder **geringes Vertrauen in die Anbieter.** Vor allem der letzte Punkt schließt den Kreis zu den Versicherern. Sie sind also auch mit Blick auf ihre Vermittler gefragt, in Sachen Nachhaltigkeit glaubwürdige Konzepte vorzulegen.

Welche Erwartungen zudem Kunden in Sachen Nachhaltigkeit an Versicherer stellen, führen wir in Kap. 4 detaillierter aus.

2.2 Gesetzliche Rahmenbedingungen

Über 500 deutsche Unternehmen (europaweit 6000) müssen jährlich über „nicht-finanzielle Aspekte", d. h. die Nachhaltigkeit in ihrem Kerngeschäft, berichten. Die CSR-Berichtspflicht basiert auf einer EU-Richtlinie aus dem Jahr 2014 und gilt für alle kapitalmarktorientierten Unternehmen mit mehr als 500 Mitarbeitern, 20 Mio. EUR Umsatz und/oder einer Bilanzsumme von 40 Mio. EUR. Sie gilt zudem für alle Finanzdienstleister derselben Größenordnung, und zwar unabhängig von ihrer Rechtsform (vgl. RNE 2017, S. 5).

---

[2]bbg Betriebsberatungs GmbH: Studie „AssCompact TRENDS III/2017"; http://www.asscompact.de.

Das CSR-Richtlinie-Umsetzungsgesetz greift ab dem 1. Januar 2017, d. h. die Versicherer werden erstmals 2018 rückwirkend für das Geschäftsjahr 2017 berichten müssen.

Gefragt sind Informationen zu den Risiken, Konzepten (samt der Ergebnisse) sowie zu den Due-Diligence-Prozessen hinsichtlich:

- Umwelt-, Sozial- und Arbeitnehmerbelangen
- Achtung der Menschenrechte
- Bekämpfung von Korruption und Bestechung

Bestimmte Unternehmen unterliegen weiteren Auskunftspflichten zur Diversität in den Leitungsorganen.

Die Anwendung eines Reporting-Standards ist nicht verpflichtend, doch sie bieten den Unternehmen wertvolle Orientierung bei der Umsetzung. Die wichtigsten sind:

- der weltweit etablierte Standard der GRI (Global Reporting Initiative)
- der Deutsche Nachhaltigkeitskodex (DNK), der auch europaweit zunehmend Anklang findet
- die zehn Prinzipien des UN Global Compact
- die ISO 26.000- und EMAS-Norm

Auch wenn kein bestimmter Berichtsstandard vorgegeben wird, ist es empfehlenswert, etablierte nationale, europäische oder internationale Rahmenwerke zu nutzen. Falls kein Berichtsstandard verwendet wird, verlangt das Gesetz eine Begründung.

Konzerntöchter sind von der CSR-Berichtspflicht ausgenommen, sofern die Muttergesellschaften adäquat Bericht erstatten. Dennoch kann es auch für Konzerntöchter von Vorteil sein, über ein eigenes Reporting zu verfügen.

Erfolgsfaktoren externer Nachhaltigkeitskommunikation

Selbstverständlich gelten Erfolgsfaktoren der Unternehmenskommunikation wie etwa Aktualität, Konsistenz, Verständlichkeit auch für die Nachhaltigkeitskommunikation (vgl. Mast 2010). Es geht hier nicht um Überschneidungsfreiheit, im Gegenteil: Es geht um Integration. Damit ist gemeint, dass Nachhaltigkeitskommunikation idealerweise eng mit der Unternehmenskommunikation verflochten ist („integrierte Kommunikation"), um glaubhaft Teil der Regelkommunikation eines Unternehmens zu werden (vgl. Mast und Fiedler 2007).

Hinzu kommt: Nachhaltigkeitskommunikation ist umso erfolgreicher, wenn sie glaubwürdig ist, weil ihr ein tragfähiges Nachhaltigkeitsgerüst zu Grunde liegt. D. h. glaubwürdig sind vor allem jene Unternehmen, die Nachhaltigkeit direkt ins Kerngeschäft eingebunden haben (vgl. Bentele und Nothhaft 2011). Auf Versicherer übertragen heißt dies zum Beispiel, dass sie – wie u. a. die Allianz und Barmenia Versicherung – überzeugend darlegen, dass sie die Gelder ihrer Kunden nach nachhaltigen Prinzipien anlegen. Denn gerade beim Kapitaleinsatz liegt für Versicherer der größte Hebel, um eine nachhaltige Entwicklung zu fördern. Das plausibelste Trust-Merkmal ist hier ein Beitritt zu den Principles for Responsible Investment (PRI) der Vereinten Nationen.

Trust-Merkmale sind Zertifizierungen oder Audits seriöser, unabhängiger Drittorganisationen, die die Nachhaltigkeitsleistungen oder das Commitment von Unternehmen prüfen und auszeichnen. Diese können sich auf das Gesamtengagement (z. B. Mittelstandspreis für soziale Veantwortung, Deutscher Nachhaltigkeitspreis) oder einzelne Bereiche des Nachhaltigkeitsmanagements (z. B. Best place to work, Audit Familie und Beruf) beziehen.

Nachhaltigkeit ist eine Querschnittfunktion, die alle unternehmerischen Bereiche betrifft. Wer wirksam dazu kommunizieren will, der sollte sich zudem auf die relevanten Themen konzentrieren (vgl. Frese und Colsman 2017).

© Springer Fachmedien Wiesbaden GmbH, ein Teil von Springer Nature 2018
D. Schubert und E. Pieper, *Nachhaltigkeitskommunikation*
in der Versicherungswirtschaft, essentials,
https://doi.org/10.1007/978-3-658-22123-2_3

In dieser Fokussierung liegen klare Chancen und zugleich deutliche Herausforderungen. Für die Nachhaltigkeitskommunikation sollte Wesentlichkeit – gerade in Zeiten der Informationsüberflutung – klarer Anspruch sein. Mehr dazu lesen Sie in Kap. 4.

3.1   Warum sich wirksame Nachhaltigkeitskommunikation lohnt

Wo einzelne Versicherer in Sachen Nachhaltigkeit vorweggehen, wird dies auch seitens der Kunden registriert und honoriert. Viele Verbraucher schreiben dem Thema Nachhaltigkeit eine immer höhere Bedeutung zu. Dies bestätigen Marktstudien seit Jahren, hier zwei aktuelle Beispiele aus 2016:

Internationale Studie Unilever

SUSTAINABLE BRANDS

„Ein Drittel der Verbraucher greift bewusst nach Marken, die soziale und ökologische Kriterien erfüllen. "

Im Unilever Markenportfolio wachsen Marken, die Nachhaltigkeit im Produkt und im Markenkern integriert haben, 30 % schneller als andere.

Studie von Facit Research

TURNING THE PAGE – Wie Nachhaltigkeit das Image deutscher Finanzdienstleister beeinflusst.

„Verbraucher wählen aktiv Marken aus, deren Nachhaltigkeitsbezug deutlich in den Produktinformationen und im Marketing vermittelt wird. "

„Kunden wünschen sich von Finanzdienstleistern umfassendere und glaubhafte Informationen zu Nachhaltigkeit. "

Auch Investoren achten immer stärker auf ein professionelles Nachhaltigkeitsmanagement von Unternehmen und damit auch der kapitalmarktorientierten Versicherer.

Kurz soll hier noch skizziert werden, warum Nachhaltigkeit auch im eigenen Interesse der Versicherer ist. Wirtschaftliche Vorteile liegen beispielsweise begründet in einem effektiveren Risikomanagement (v. a. hinsichtlich der Auswirkungen des Klimawandels), in Kosteneinsparungen, z. B. durch

Energie-Effizienz-Maßnahmen, sowie in neuen Geschäftschancen und Kundengruppen. Hinzu kommen so genannte vor-ökonomische Faktoren wie Markenwert und Reputation (vgl. Bentele et al. 2009). Letztere ist eng verbunden mit der Glaubwürdigkeit, die wir hier als Summe aus Vertrauen und wahrgenommener Kompetenz definieren (vgl. Becker et al. 2007; Fuchs 2009). Dies bedingt, dass sich die Versicherer auf jene Handlungsfelder des Geschäfts konzentrieren, in denen sie über die stärksten Wirkungshebel verfügen, beispielsweise wie oben beschrieben in der verantwortlichen Kapitalanlage, beim Mitarbeiter-Engagement oder im fairen Umgang mit Kunden.

So verstanden und umgesetzt, hat CSR auf mittlere Sicht eine unbestritten positive Wirkung auf die immateriellen Vermögenswerte der Unternehmen. Gerade auch im Versicherungssektor bilden diese einen nicht unerheblichen Anteil am unternehmerischen Marktwert.

Um den Bogen zur Nachhaltigkeitskommunikation zu schlagen: All die positiven Faktoren, die aufgeführt wurden, müssen den relevanten Adressaten auf zielorientierte und anschlussfähige Weise vermittelt werden (vgl. Pieper 2013). Das gelingt derzeit offenbar nur in wenigen Fällen. Vor allem in der Berichterstattung verhindert die „Einwegkommunikation" der Unternehmen, dass relevante Botschaften auch wirklich ankommen, wie Prof. Stefan Schaltegger im Jahrbuch Nachhaltigkeit 2018 betont (vgl. Jahrbuch Nachhaltigkeit 2018). Zugleich unterstreicht Schaltegger, dass laut neueren Untersuchungen jene Unternehmen, die berichten, ihre Nachhaltigkeitsleistung steigern. Beispielsweise korreliert eine verbesserte Berichterstattung mit der Senkung von CO_2 Emissionen. Und das Sammeln von Informationen schärft das Bewusstsein und den Austausch zu Nachhaltigkeit mit den externen wie internen Akteuren (vgl. Jahrbuch Nachhaltigkeit 2018, S. 21 ff.). Nachhaltigkeitskommunikation muss über Einwegkommunikation hinausgehen, um ihre volle Wirksamkeit zu entfalten (s. a. Rheinländer et al. 2011).

3.2 Nachhaltigkeitskommunikation folgt eigenen Regeln

Die externe Nachhaltigkeitskommunikation bewegt sich an der Schnittstelle von Markt und Öffentlichkeit. Im Zentrum der marktorientierten Kommunikation steht die Wettbewerbsprofilierung und erfolgreiche Vermarktung von Produkten (vgl. Belz und Peattie 2009; Wenzel et al. 2008). Dabei ist Vertrauen ein Schlüsselfaktor, und dies gilt bei Nachhaltigkeit im doppelten Sinne, denn bevor

Kunden nachhaltige Produkte kaufen, fordern sie von Unternehmen nicht nur eine herausragende konventionelle Produktqualität und ein angemessenes Preis-/Leistungsverhältnis, sondern auch Verlässlichkeit und glaubhaft vermittelte nachhaltigkeitsbezogene Eigenschaften (vgl. Balderjahn 2013; Neumaier 2010). Gerade weil Fragen der gesellschaftlichen Verantwortung eng einhergehen mit Werten und schwer kontrollierbaren Eigenschaften, muss die Nachhaltigkeitskommunikation besonders hohe Standards in Sachen Transparenz und Glaubwürdigkeit erfüllen (vgl. Walter 2010).

Es liegt daher in der Natur der Sache, dass die Nachhaltigkeitskommunikation besonderen Regeln unterliegt. Abb. 3.1 vermittelt einen Überblick zu den Anforderungen an eine gelingende externe Nachhaltigkeitskommunikation.

Zwischen den in der Grafik genannten Anforderungen bestehen zum Teil enge Wechselwirkungen. Bspw. hängen Offenheit und Dialog- und Stakeholderorientierung eng zusammen (vgl. Fieseler et al. 2010; Luhmann 1993). Nachhaltig wirtschaftende Unternehmen analysieren regelmäßig ihre Anspruchsgruppen und erfassen deren Erwartungen im Dialog. Auf diese Weise gewinnen sie neue Erkenntnisse und Sichtweisen, lernen schneller, steuern Risiken effizienter, definieren ihre Ziele neu und stützen zugleich ihre Reputation. Kurzum: der dialogorientierte Stakeholder-Ansatz hilft Unternehmen, ihre Rolle in der Gesellschaft

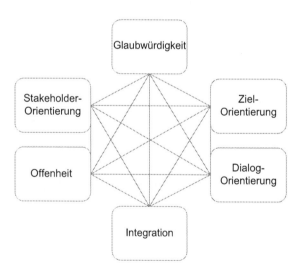

Abb. 3.1 Pieper, E. (2013): Empfehlungen für die marktbezogene Nachhaltigkeitskommunikation… Centre for Sustainability Management, Leuphana Universität Lüneburg

zu definieren, anschlussfähig zu kommunizieren, und schlussendlich ihren langfristigen Erfolg zu sichern (vgl. Brugger 2010; Schmitt und Röttger 2011). Bei alledem kommt dem genannten Aspekt der „Integration" eine grundlegende Bedeutung zu, wie in Abschn. 3.3 dargelegt (s. a. Zerfaß 2010).

Aus oben genannten Anforderungen lassen sich folgende praxisrelevante Aspekte für eine wirksame Nachhaltigkeitskommunikation der Versicherer ableiten:

Auffindbarkeit: Sicherstellen, dass über eine Vielfalt an Formaten und Kanälen Stakeholder auf die für sie relevanten Nachhaltigkeitsinformationen zugreifen können.

Kontinuität: Regelmäßig und in Anbindung an aktuelle Entwicklungen kommunizieren – einmal im Jahr ist nicht genug. Der Bericht kann dabei als belastbare (Daten-)Basis dienen.

Sprache: Statt einer nüchternen, faktenbasierten Sprache auch auf Emotionalisierung, Verständlichkeit und Begeisterung setzen (auch im B2B-Bereich). Siehe hierzu auch Abschn. 3.4.

Bildwelt: Aussagekräftige und persönliche, authentische Motive wählen, die eine Anbindung an echte Geschichten aus dem Unternehmen haben und die zum Teil komplexen Zusammenhänge verdeutlichen helfen.

Beweggründe: Die grundlegende Motivation zu Nachhaltigkeit, d. h. die eigene „Nachhaltigkeitsstory" und das „Warum", sollten griffig transportiert werden; das ist eine wichtige Komponente für Glaubwürdigkeit und ermöglicht Wiedererkennung sowie Differenzierung.

Relevanz: Inhalte kontextualisieren, sodass auch die gesellschaftliche Relevanz – der „Mehrwert" – des unternehmerischen Handelns greifbar wird. Dies gilt v. a. für Kennzahlen und Indikatoren, siehe auch nächster Punkt.

Konsistenz: die Inhalte der Nachhaltigkeitskommunikation und der Unternehmenskommunikation sollten aus einem Guss und widerspruchsfrei sein.

Komplexitätsgrad: Konkretisierung des Begriffs „Nachhaltigkeit" und tatsächliche Bedeutung für die jeweilige Stakeholdergruppe. Z. B. Was bedeutet Nachhaltigkeit für Mitarbeiter, was für Kunden? Zahlen sollten begreifbar sein; Vergleiche erleichtern das Verständnis. Wesentliche Details sollten im Zusammenhang und in ihren Auswirkungen dargestellt werden. Nicht: „Wir haben xy% CO_2 eingespart", sondern „Wir haben xy% CO_2 eingespart, und das bedeutet xyz."

3.3   Wirksame Nachhaltigkeitskommunikation ist integriert

Gerade aufgrund der vorab genannten Wechselwirkungen ist der Anspruch, den genannten Anforderungen gerecht zu werden, eine komplexe und kontinuierliche Aufgabe. Sie sollte daher nicht nur vom Nachhaltigkeits- und Kommunikationsmanagement, sondern von allen Akteuren im Unter-nehmen getragen werden.

Unter integriert verstehen wir zunächst die enge Verzahnung der Nachhaltigkeitskommunikation mit der Unternehmenskommunikation. Klare Vorteile liegen in der verstärkenden Multiplikation über die verschiedenen Kommunikationskanäle und Formate sowie in der wahrgenommenen Konsistenz der Kommunikation (vgl. Bruhn 2008). Widerspruchsfreiheit steigert das Vertrauen der Anspruchsgruppen in das Unternehmen, was direkt auf die Glaubwürdigkeit einzahlt. Glaubwürdigkeit wiederum ist ein wesentlicher Reputationstreiber und fließt über den immateriellen Vermögenswert in die Bilanzen der Unternehmen ein (vgl. Bentele et al. 2009).

Glaubwürdigkeit und Vertrauen basieren auf Kompetenz und Fakten und dem Willen, diese offenzulegen. Wir empfehlen den Versicherern daher, ihrer Nachhaltigkeitskommunikation ein faktenbasiertes Herzstück zugrunde zu legen. Dies ist die jährliche Nachhaltigkeitsberichterstattung, etwa in Form einer DNK-Entsprechenserklärung oder (zusätzlich) als Online-Bericht. Siehe hierzu auch Abschn. 3.5.

Integrierte Nachhaltigkeitskommunikation hat darüber hinaus als Ziel, basierend auf dem belastbaren Reporting weitere relevante interne und externe Kanäle zu bespielen, um glaubhaft Teil der Regelkommunikation des Unternehmens zu werden:

- ganzjährig
- differenziert nach Dialogkanälen und Stakeholdergruppen
- themen- und anlassbezogen

Ziel ist ein konsistenter Markenauftritt mit dem CSR-Reporting im Kern, wie Abb. 3.2 visualisiert:

Versicherer, die eine wirksame Nachhaltigkeitskommunikation anstreben, dürfen also nicht in verschiedenen Schubladen denken. Das heißt, zunächst muss es ihnen darum gehen, weitgehend etablierte Kommunikationskanäle (auch und parallel) für ihre Nachhaltigkeitskommunikation zu nutzen, z. B. Website, Intranet, Mitarbeiterzeitschrift, und Botschaften und Regeln aus der Unternehmenskommunikation in die

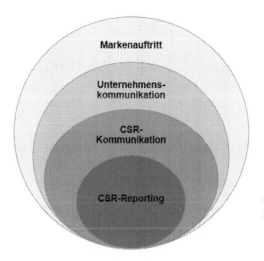

Abb. 3.2 Integrative Aufhängung der Nachhaltigkeitskommunikation mit Reporting als Kern

Nachhaltigkeitskommunikation einfließen zu lassen – und umgekehrt. Im weiteren Verlauf sollten weitere sinnvolle Ergänzungen, z. B. Social Media im professionellen Bereich wie Xing und LinkedIn, und natürlich die Mitarbeiter selbst in ihrer Funktion als Botschafter ins Auge gefasst werden (vgl. Fieseler et al. 2010; Hilker 2017). Nur so lässt sich die erforderliche Widerspruchsfreiheit und darüber eine hohe Glaubwürdigkeit erzielen.

Ein integrierter Ansatz regt auch dazu an, bestehende Grenzen in den Köpfen und im Unternehmen aufzuweichen. So verschwimmen zum Beispiel die Grenzen zwischen interner und externer Kommunikation durch das Internet und Social Media (s. a. Langner und Fischer 2008). Das sollte nicht darüber hinwegtäuschen, dass es auch Besonderheiten gibt: So sollte die interne Kommunikation in besonderem Maße Identifikation stiften mit dem Unternehmen und seiner nachhaltigen Ausrichtung. Insofern empfiehlt sich hier eine stärkere persönliche Ausrichtung mit hohem Dialoganteil und Partizipationsmöglichkeiten (vgl. Schrader und Diehl 2010). Eine gelingende Mitarbeiter- und Führungskräftekommunikation ist entscheidend für die Akzeptanz von Nachhaltigkeitsvorhaben (vgl. Karmasin und Weder 2008). Zudem wird erst im Dialog mit den Geschäftsverantwortlichen über einen verbindlichen Nachhaltigkeitskurs der entscheidende Grundstein für die Nachhaltigkeitskommunikation gelegt. Kurzum: Ein integrierter Kommunikationsansatz ist ein entscheidender Erfolgsfaktor.

Wir empfehlen den Versicherern, ihre Nachhaltigkeitsstrategie und Sprachfähigkeit zu Nachhaltigkeit parallel zu entwickeln. Einerseits geht es darum, ein klares Verständnis der geschäftsrelevanten Chancen, der Herausforderungen sowie der potenziellen Wirkung auszuloten. Auf der anderen Seite darum, schnell eine belastbare Sprachfähigkeit nach Maßgabe der Wesentlichkeit zu erzielen.

Shared Value als Grundlage wirksamer Nachhaltigkeitskommunikation

Ein Großteil der Versicherer charakterisiert sich selbst bereits als „nachhaltig". Dass dieses Verständnis nur eine rudimentäre Sichtweise darstellt, zeigen wir in Kap. 5, in dem wir den Status Quo der Branche vorstellen.

Über den klassischen Dreiklang von Ökologie, Ökonomie und Soziales geht ein zeitgemäßes, zukunftsorientiertes Verständnis von Nachhaltigkeit weit hinaus. Wir empfehlen den Versicherern – vor allem jenen, die gerade erst in Sachen Nachhaltigkeit loslegen – die Transformation vom „weniger schlecht werden" hin zu einem „mit der eigenen Kompetenz Wert schaffen" als Fundament ihrer Nachhaltigkeitsstrategie anzulegen und damit auch in den Fokus ihrer Nachhaltigkeitskommunikation zu rücken. So können die Versicherer auch kommunikativ dem Konzept des Shared Value Rechnung tragen.

Shared Value nach Porter/Kramer

Das Shared-Value-Konzept umfasst Richtlinien und Praktiken, die die langfristige Konkurrenzfähigkeit von Unternehmen erhöhen und zugleich die wirtschaftlichen und sozialen Bedingungen der Gemeinschaft verbessern, in der sie tätig sind. Dabei konzentriert man sich darauf, die Verbindungen zwischen gesellschaftlichem und wirtschaftlichem Fortschritt zu identifizieren und zu stärken (vgl. Porter und Kramer 2011).

Für die Kommunikation der Versicherer bedeutet dies in aller Kürze, dass verständlich werden muss, wie im Zuge der Umsetzung von Nachhaltigkeit wirtschaftliche und gesellschaftliche Vorteile gleichzeitig zum Tragen kommen. Mehr zum Shared-Value-Konzept finden Interessierte zum Beispiel in dem aktuellen Springer/Gabler Titel: „Das Shared-Value-Konzept von Porter und Kramer – The Big Idea!?" (vgl. Schormair und Gilbert 2017).

3.4 Wirksame Nachhaltigkeitskommunikation ist verständlich

Das Nachhaltigkeitsengagement eines Unternehmens auf den Punkt zu bringen, ist eine große Herausforderung für interne Beteiligte ebenso wie für externe Kommunikationsprofis. Neben den inhaltlichen Schwerpunkten sollte idealerweise dabei immer – und von Anfang an – über die verständliche Kommunikation der Botschaften nachgedacht werden. Denn viel zu oft wird eine verständliche Sprache vernachlässigt. Dennoch steht sie als maßgebliche Voraussetzung dafür, dass Botschaften überhaupt bei ihren Adressaten andocken können. Keiner liest Ihren Nachhaltigkeitsbericht? Haben Sie denn schonmal überprüft, ob dieser überhaupt verständlich und ansprechend ist?

Häufig wird leicht verständliche Sprache mit Nicht-Muttersprachlern oder mit Lese- und Lernschwierigkeiten assoziiert. Das blendet aus, dass leicht verständliche Sprache auch jenen hilft, die sich schnell orientieren oder Informationen erfassen möchten. Somit ist eine Sprache, die sich an den Regeln der Verständlichkeit orientiert, im Sinne aller. Denn Zeit ist bekanntlich knapp und eine „harte" Währung. Nicht zu vergessen, dass einfache Sprache auch schon insofern zu Nachhaltigkeit gehört, da sie eine inklusive Haltung fördert und transportiert.

In der Kürze liegt die Würze: Einfach ist jedoch nicht einfacher
Botschaften in einfacher Sprache sind nicht einfacher oder gar schneller zu erstellen. Denken Sie an die vielzitierten ersten Zeilen des Briefes von Charlotte von Stein an Goethe:

▶ „Lieber Freund, entschuldige meinen langen Brief, für einen kurzen hatte ich keine Zeit."

Das bringt auf den Punkt, worauf Unternehmen sich einstellen müssen, wenn sie einfach und verständlich kommunizieren wollen: Mehr Zeit – mehr Aufwand. Doch darin liegen viele Vorteile, denn auf den Punkt zu kommunizieren, regt auch interne Prozesse an, die das Wesentliche zutage befördern. Und wesentlich zu sein, lohnt sich, wie Sie in Kap. 4 sehen werden. Das Wesentliche verständlich zu kommunizieren, wirkt genauso nach innen wie außen. Nur wer verstanden wird, kann seine Adressaten wirklich überzeugen und auf die Reise mitnehmen.

Nachhaltigkeitskommunikation verpufft häufig im Nirvana

Und so schließt sich der Kreis: Nachhaltigkeit ist ein vielschichtiges Thema, das in der Regel von Fremdworten, (fremd wirkenden) Kennzahlen und von Fachjargon dominiert wird. So gestrickt, verpufft Nachhaltigkeitskommunikation häufig im Nirvana. Ergo braucht Nachhaltigkeit die Übersetzung in eine Sprache, die zum Thema passt. Und die muss einfach und verständlich sein.

3.5   Wirksame Nachhaltigkeitskommunikation hat einen harten Kern

Wie in unseren Erläuterungen zur integrierten Kommunikation deutlich wurde, ist das Reporting als belastbares Herzstück zu verstehen. Es ist der Nukleus der Nachhaltigkeitskommunikation, der dem Nachhaltigkeitsmanagement Struktur und Ausdruck verleiht. Viele Unternehmen konzentrieren sich allerdings noch zu oft auf das Nachhaltigkeits-Reporting als Stand-Alone. Übertragen auf die konventionelle Geschäftstätigkeit wäre dies gleichbedeutend mit einem Stopp aller Kommunikations- und Marketingaktivitäten mit dem Hinweis, die Kunden und anderen Anspruchsgruppen könnten ja alle relevanten Informationen dem Geschäftsbericht entnehmen.

Im Zusammenhang mit Nachhaltigkeitskommunikation hört man dieses Argument oft von Unternehmen: Man habe immerhin einen Nachhaltigkeitsbericht, dort seien alle gewünschten Informationen zu finden. Das ist einerseits richtig – andererseits leben wir in einer Welt, in der es nicht zu den beliebtesten Aktivitäten gehört, Berichte zu lesen. Unabhängig davon, wie viel Energie ein Unternehmen auf sein Reporting verwendet, dieses wird niemals als praktische One-fits-all-Lösung den Erwartungen aller Stakeholder gerecht werden. Der Reichweite und Wirkung von Berichten jeglicher Art sind klare Grenzen gesetzt.

Dies schmälert – auch wenn es zunächst danach klingen mag – keineswegs die Bedeutung von Nachhaltigkeits-Reporting. Eine fundierte Berichterstattung ist und bleibt der Kern einer belastbaren und glaubwürdigen Nachhaltigkeitskommunikation. Es sind die Reportingprozesse und -strukturen, die zu validen Daten führen, welche wiederum die Grundlage bilden für Strategie, Maßnahmen, Ziele und Steuerungskennzahlen.

Reporting ist somit weit mehr als ein kommunikativer Akt, nämlich elementarer Bestandteil des Nachhaltigkeitsmanagements. Analog zum klassischen Berichtswesen und Controlling für die finanzielle Steuerung und das Monitoring der Geschäftstätigkeit. Denken Sie auch an die eingangs erwähnten Vorteile des Reportings, die Professor Schaltegger nannte: „Wer berichtet, wird besser".

Und das Reporting fördert das Bewusstsein und den Austausch der Akteure zu Nachhaltigkeit.

Gerade bei größeren Versicherern wird der Bedarf an Nachhaltigkeits-Reporting weiterhin steigen, weil neben den Gesetzgebern auch Investoren zunehmend danach verlangen. Sie betrachten zunehmend die Nachhaltigkeitsberichterstattung als wichtige Quelle zur Einschätzung von Risiken und der künftigen Wertentwicklung eines Unternehmens.

Daneben lohnt es sich für neu beginnende wie auch erfahrene Berichterstatter, nach den übergeordneten Zielen der Nachhaltigkeitskommunikation zu fragen. Wer das Erstellen eines Berichts als alleiniges Ziel definiert, greift angesichts der unternehmerischen, gesellschaftlichen und globalen Bedeutung des Nachhaltigkeitsgedankens zu kurz.

Unternehmerischer Erfolg zeichnet sich, wie eingangs erwähnt, durch einen klugen Umgang mit immateriellen Vermögenswerten wie Reputation und Markenwert aus. Gerade darauf zahlen ein durchdachtes Nachhaltigkeitsmanagement und eine integrierte Nachhaltigkeitskommunikation spürbar ein, die die unterschiedlichen Interessen und Präferenzen der vielfältigen Anspruchsgruppen adäquat berücksichtigen.

3.5.1 Herausforderungen im Nachhaltigkeits-Reporting

Anders als bei den klassischen Management-Informationssystemen richtet sich das Nachhaltigkeits-Reporting an ein heterogenes Feld aus internen und externen Stakeholdern, insbesondere Mitarbeiter, Kunden und Lieferanten, aber auch Behörden, Investoren und Zivilgesellschaft (vgl. Frese und Colsman 2017).

Die erforderliche Balance zwischen Stakeholder-spezifischem Informationsbedarf, Informationspflicht und Informationsvertraulichkeit erfordert eine sorgfältige Planung, fehlerfreie Umsetzung und wirksame Kontrollen. Die Handhabung von großen Datenmengen ist zudem mit besonderen Komplexitäts- und Qualitätsaspekten verbunden, die beachtet werden müssen. Ziel ist es also, über ein effizientes und belastbares Datenmanagement Inkonsistenzen zu vermeiden. Wie kann dies gelingen?

a) Durch eine Orientierung an nationalen wie internationalen Standard-Leitlinien. Bspw. der Deutsche Nachhaltigkeitskodex (s. o.), die Initiative des International Integrated Reporting Council (IIRC) und die Standards der Global Reporting Initiative (GRI) sind geeignete Ansätze, um die ökonomische, ökologische und soziale Leistung eines Unternehmens transparent zu machen (s. Global Reporting Initiative 2015; Hillmann 2011).

b) Durch den Rückhalt des Top-Managements. So können die Fachbereiche davon überzeugt werden, die notwendigen Daten bereitzustellen. Eine geeignete Software leistet an dieser Stelle ihren Beitrag, indem sie den Erfassungsaufwand für die Fachbereiche so gering wie möglich hält und benutzerfreundliche Erfassungsoberflächen samt Plausibilitätsprüfungen für die Ersterfassung bereithält.

c) Durch die übersichtliche Bereitstellung von Daten. Diese können zur internen Steuerung genutzt werden, wenn eine geeignete Software alle Informationen in einer Art Cockpit abbildet, das auf einen Blick alle wesentlichen Daten zur Verfügung stellt.

d) Durch eine Software, die verschiedene Ausgaben eines Nachhaltigkeitsberichts ermöglicht, sie sollte Webseiten (html, xml) ebenso bedienen wie die Printausgabe (pdf), Exporte zur Standardsoftware für das Customer Relationship Management (CRM) oder eine auszugsweise Veröffentlichung als Blog-Beitrag.

e) Durch eine Software-Unterstützung, die die gesamte Bandbreite der Medien nutzt, um mit Stakeholdern in einen Dialog zu CSR/Nachhaltigkeit zu kommen. Insgesamt muss es Unternehmen darum gehen, möglichst viele Stakeholder zu sensibilisieren und für ein Feedback zu gewinnen.

3.5.2 Effizientes Datenmanagement und Herausforderungen im Reporting

Die CSR-Berichtspflicht ebenso wie die gesteigerte Aufmerksamkeit von Investoren und Stakeholdern führen zu einer gestiegenen Bedeutung der CSR-Berichterstattung für Versicherer. Daten und Fakten sichern die nötige Transparenz und Glaubwürdigkeit. Diese effizient zusammenzuführen und aufzubereiten, gelingt aufgrund der Komplexität am effizientesten mit Hilfe einer geeigneten Softwarelösung.

Mit der systematischen Datenerfassung und einem belastbaren Datenmanagement werden die Weichen gestellt für Art, Umfang, Häufigkeit und Qualität der zu erhebenden Informationen für das interne Controlling sowie für die Steuerung der CSR-Aktivitäten.

Entscheidend für die Effizienz der Prozesse ist, dass sie nicht allein die Erstellung eines wie auch immer gearteten Reportings als Zweck verfolgen, sondern die Informations- und Transparenzbedürfnisse des Unternehmens und seiner

Stakeholder im Blick haben. Nicht alle Informationen müssen über spezielle Datensammelprozesse generiert werden. Oft existieren bereits Datenbestände, auf die aufgebaut werden kann.

Eine frühzeitige Erfassung der verschiedenen Informationsanforderungen empfiehlt sich dringend, gerade bei großen Versicherern, die regelmäßig von Analysten bewertet werden. Sie tun gut daran, sich einen eigenen Kriterienkatalog anzulegen, der auch über Transparenz-Standards wie z. B. GRI hinausgehen kann.

Daneben geht der Trend zur IT-gestützten Datenerfassung, -verwaltung und Berichterstattung, sei es in Form von SAAS-Lösungen (Software as a Service) oder als lokal im Unternehmen installierte Produkte. Die Vorteile gegenüber analogen Methoden, wie zum Beispiel Excel, sehen Unternehmen vor allem in der Zeiteinsparung und Prozessoptimierung.

Doch so sinnvoll der Einsatz IT-basierter Anwendungen auch ist – digitale Lösungen befreien ein Unternehmen nicht von der Pflicht, selbst zu bestimmen, welche Daten es erfassen muss und im Hinblick auf welches Ziel diese ausgewertet werden sollen. Der Markt für Softwarelösungen wächst kontinuierlich und bietet eine Bandbreite an Lösungen für unterschiedliche Bedürfnisse, von Management und Controlling bis hin zu verschiedensten Berichterstattungsanwendungen.

Eine solide Bedarfsanalyse und der Überblick über Möglichkeiten und Kosten der Skalierung und Anpassung von Software auf die eigenen Bedürfnisse sind Pflicht vor der Entscheidung für oder gegen ein bestimmtes Datenerhebungs- und Datenmanagementtool.

Zur Bedeutung und Kunst des Wesentlichen

Die Betonung der Wesentlichkeit erklärt sich aus der Historie der Nachhaltigkeitsberichterstattung. Die Zielsetzung, Transparenz zum gesamten Spektrum an Nachhaltigkeitsthemen herbeizuführen, führte über Jahre hinweg zu sehr umfassenden Nachhaltigkeitsberichten. Damit ging die berechtigte Frage einher, ob sich jedes Unternehmen unabhängig von Größe, Branche und Geschäftsmodell wirklich zu allen Themen rund um Nachhaltigkeit äußern muss.

Die pragmatische Antwort lieferte der Grundsatz der Wesentlichkeit; er stärkte die Aussagekraft von Nachhaltigkeitsberichten, machte sie kürzer und relevanter. Der Auftrag an die Unternehmen lautet nun, diejenigen Nachhaltigkeitsaspekte zu identifizieren, die für das Unternehmen und seine Anspruchsgruppen zentral sind – und nur über diese Aspekte soll/muss berichtet werden.

Auch wenn das Wesentlichkeitsprinzip aus der Berichterstattung stammt, ist es idealerweise an Strategie und Prozesse rund um Nachhaltigkeit und das Geschäftsmodell gekoppelt. Denn natürlich soll das Reporting – trotz berechtigter Einbindung der Stakeholder – weiterhin ein Spiegel dessen sein, was im Unternehmen tatsächlich geschieht. Will sagen: Ein Unternehmen soll nicht nur über wesentliche Aspekte berichten, sondern sich prioritär auch um diese kümmern (vgl. Frese und Colsman 2017).

Zur Bestimmung der Wesentlichkeit gibt vor allem die Global Reporting Initiative (GRI) Empfehlungen[1]. Die GRI ist der weltweit akzeptierte Standard für freiwillige Transparenz zu Nachhaltigkeit. Wie Sie zu Ihren wesentlichen Themen kommen, führen wir in Abschn. 4.3 aus.

---

[1]https://www.globalreporting.org/resourcelibrary/German-G4-Part-Two.pdf.

© Springer Fachmedien Wiesbaden GmbH, ein Teil von Springer Nature 2018
D. Schubert und E. Pieper, *Nachhaltigkeitskommunikation
in der Versicherungswirtschaft,* essentials,
https://doi.org/10.1007/978-3-658-22123-2_4

4.1   Wesentlichkeit zahlt sich aus

Dass es sich für Unternehmen finanziell auszahlt, sich um die wesentlichen – und zwar nur um die wesentlichen! – Nachhaltigkeitsaspekte zu kümmern und darüber zu berichten, weist eine 2016 veröffentlichte, umfassende Studie der Harvard Business School nach (vgl. Khan et al. 2016).

Basierend auf Daten des MSCI KLD, der für amerikanische Firmen auch historisch weit zurückreichende Nachhaltigkeitsdaten vorhält (ausgewertet wurden die Jahre 1991–2013), und in Anlehnung an die Wesentlichkeitsdefinition des amerikanischen, branchenbasierten SASB-Standards (Sustainability Accounting Standards Board), wurde untersucht, ob und wie der Kapitalmarkt auf den Umgang mit wesentlichen und nicht-wesentlichen Nachhaltigkeitsthemen reagiert. Als Ergebnis wurde eine Kennziffer ausgewiesen, die die abweichende Wertentwicklung gegenüber dem Benchmark (Alpha) ausweist. Je stärker das Alpha im Plus ist, desto größer die *Outperformance* gegenüber dem Durchschnitt. Die Ergebnisse sind verblüffend, wie die Tabelle in Abb. 4.1 zeigt.

Zum einen zeigt sich, dass Unternehmen, die sich weder um wesentliche noch unwesentliche Themen kümmern oder intensiv um unwesentliche Themen, abgestraft werden mit einer unterdurchschnittlichen Performance beim Unternehmenswert (negatives Alpha gegenüber dem Benchmark). Weiterhin ist bemerkenswert, dass Unternehmen, die sich um ganz viele Themen (wesentliche und unwesentliche Themen) kümmerten, den Benchmark nur leicht übertrafen (+1,50 %). Die überdurchschnittliche Performance von +4,38 % konnte nur für jene Unternehmen nachgewiesen werden, die sich ausschließlich mit wesentlichen Themen beschäftigen (vgl. Khan, M. et al. 2016).

Diese Zahlen dürften auch nicht börsennotierte Versicherer animieren, die strukturierte Analyse von Wesentlichkeit perspektivisch stärker in ihre Strategieüberlegungen einzubeziehen.

WESENTLICHE CSR	NICHT-WESENTLICHE CSR	ALPHA
schwach	schwach	-2,20%
schwach	stark	-0,38%
stark	stark	1,50%
stark	**schwach**	4,38%

Abb. 4.1   Khan, M. et al. (2016): Corporate Sustainability. First Evidence on Materiality

4.2 Wesentlichkeit als Maßgabe für wirksame Nachhaltigkeitskommunikation

Faktisch zeigt sich also, dass Wesentlichkeit in der strategisch-unternehmerischen Ausrichtung von Nachhaltigkeit eine wichtige und lohnenswerte Rolle spielt. Der Fokus auf wesentliche Themen ist auch entscheidend für die Wirksamkeit der Nachhaltigkeitskommunikation.

Warum ist das so? Das Grundrauschen in Markt und Gesellschaft – Stichwort „Informationsflut" – wird immer lauter. Das gilt auch für Verlautbarungen zu Nachhaltigkeitsthemen, die nicht zuletzt wegen der Berichtspflicht zunehmen werden. Alle größeren Versicherer sind aufgefordert, zu CSR/Nachhaltigkeit Stellung zu beziehen.

Doch was ist wesentlich? Unabhängig von intern erhobenen Wesentlichkeitsaspekten gibt eine aktuelle Studie einen Überblick darüber, was Kunden als wesentliche Aspekte der Nachhaltigkeit in der Finanzbranche erachten (siehe Abb. 4.2). Diese Aspekte können Versicherern als erste Orientierung dienen.

Rang	Finanzbranche
1	Anlageprodukte (ökologische, soziale Aspekte)
2	Engagement für Umweltschutzthemen
3	Kundenreklamationen
4	Karitatives Engagement
5	Klares Profil ökologischer Aktivitäten
6	Recycelbare Verpackungen
7	Informationen zur wirtschaftlichen Lage
8	Schaffung von Arbeitsplätzen
9	Verantwortungsvoller Umgang mit Einlagen
10	Keine Vertuschung negativer Nachrichten

▬ Ökologische Nachhaltigkeit 2016
▬ Ökonomische Nachhaltigkeit 2016
▬ Soziale Nachhaltigkeit 2016

Abb. 4.2 Facit Research (2016): Turning the page. Wie Nachhaltigkeit das Image deutscher Finanzdienstleister beeinflusst

4.3 Wie Unternehmen ihre wesentlichen Themen definieren

Jedes Unternehmen sollte sich idealerweise ausschließlich um die wesentlichen Themen seiner Geschäftstätigkeit kümmern. Doch wie kommen Sie zu Ihren wesentlichen Themen? Wie eingangs aufgezeigt, gibt die GRI hilfreiche Empfehlungen dazu. Stakeholder sollen eingebunden werden, so dass die interne Definition dessen, was als wesentlich erachtet wird (inside-out), den Informationsinteressen der Stakeholder sowie dem allgemeinen Nachhaltigkeitskontext (internationale Leitlinien, maßgebliche Standards zu Nachhaltigkeit etc.) gegenübergestellt wird (outside-in).

Zur Darstellung der wesentlichen Themen hat sich die sogenannte Wesentlichkeitsmatrix (oder Materiality Matrix) etabliert, bei der auf der X-Achse die wesentlichen Themen aus Sicht des Unternehmens, und auf der Y-Achse jene aus Sicht der Stakeholder verortet werden. Im Fokus der Berichterstattung stehen danach die Themen, die sowohl für das Unternehmen als auch für die Stakeholder eine hohe Priorität haben (s. a. Frese und Colsman 2017).

Eine tragfähige Analyse bildet also die entscheidende Basis – doch nicht jede Wesentlichkeitsanalyse ist automatisch gut. Eine gut gemachte Wesentlichkeitsanalyse ist keine Wiederholung von Gemeinplätzen, z. B. dass der Klimawandel „irgendwie" wichtig ist, sondern erhöht die Sprachfähigkeit von Unternehmen. „Sprachfähigkeit" bedeutet, dass begründet dargelegt wird, warum gewisse Themen, auch wenn sie im gesellschaftlichen Diskurs hoch gehandelt werden, für das jeweilige Unternehmen mit seinem spezifischen Geschäftsmodell gegebenenfalls nicht wesentlich sind. Dies ist der Nutzen einer sorgfältigen Bestimmung wesentlicher Aspekte.

Nutzen entfaltet sich jedoch nur, wenn die wesentlichen Themen nicht einfach als Schlagworte genannt, sondern auch begründet dargelegt werden. Hier greift wieder das Prinzip des Nachhaltigkeitskontexts. Informationen werden erst dann verständlich und begreifbar, wenn sie ausreichend kontextualisiert, also in Sinnzusammenhängen verortet werden. Dies ist bei vielen Darstellungen von Wesentlichkeit aktuell noch unzureichend der Fall und schmälert die Aussagekraft.

Was bedeutet dies für die Versicherungsbranche? Ein besonders wesentliches Nachhaltigkeitsthema für die Branche ist der Klimawandel; so kann es kaum verwundern, dass die Versicherer im Pariser Klimaabkommen von 2015[2] explizit adressiert wurden.

---

[2]https://ec.europa.eu/clima/policies/international/negotiations/paris_de.

Einerseits bewegen sich einige Unternehmen schon seit geraumer Zeit nach vorn und legen ihre Assets nach ethischen Grundsätzen an, indem sie beispielsweise ihre Kapitalinvestitionen dekarbonisieren. So hat sich die Barmenia Versicherung vor Jahren zu den Principles for Responsible Investment (PRI) bekannt. Und die Allianz Versicherung hat sich der Portfolio Decarbonization Coalition (PDC) angeschlossen, einer handlungsorientierten Initiative des Carbon Disclosure Project (CDP), des UN Environment Programme (UNEP) und der UN Finance Initiative (UN FI).

Andererseits sind die Versicherer dazu aufgerufen, klimabezogene Risikotransferlösungen in bislang ungeahnten Ausmaßen zu leisten. Gerade für die Schwellenländer, die überdurchschnittlich stark von den Auswirkungen des Klimawandels betroffen sind, wird eine enorme Nachfrage nach entsprechenden Versicherungsleistungen prognostiziert. Auch hier ist, analog zu den Banken, zu erwarten, dass Geschäftschancen und steigender politischer Druck Hand in Hand gehen werden.

Die externe Nachhaltigkeitskommunikation der Versicherer

Die folgenden Ausführungen entstammen den Ergebnissen einer Studie von AMC Finanzmarkt GmbH[1] und Fährmann Unternehmensberatung GmbH[2] von Juli 2017. Sie hat in einer mehrmonatigen Analysephase die öffentlich zugängliche Nachhaltigkeitskommunikation von 120 Versicherer im deutschen Markt entlang eines 40 Kriterien umfassenden Kataloges systematisch beleuchtet.

Die unter Punkt 3.2. dargelegten eigenen Regeln der Nachhaltigkeitskommunikation bildeten dafür die wissenschaftliche Grundlage. Sie wurden in vier Untersuchungskategorien zusammengefasst:

1. Auffindbarkeit & Präsenz
2. Integration & Appeal
3. Glaubwürdigkeit & Kompetenz
4. Dialog & Feedback

Die Nachhaltigkeitskommunikation eines jeden Versicherers wurde entlang dieser Untersuchungskategorien analysiert und entsprechend dem erreichten Prozentwert einer der folgenden vier Umsetzungskategorien zugeordnet:

Stars: $\geq$ 90 %
Performer: 55–89 %
Selektive: 20–54 %
Passive: < 20 %

---

[1] www.amc-forum.de.
[2] www.faehrmannschaft.de.

© Springer Fachmedien Wiesbaden GmbH, ein Teil von Springer Nature 2018
D. Schubert und E. Pieper, *Nachhaltigkeitskommunikation
in der Versicherungswirtschaft,* essentials,
https://doi.org/10.1007/978-3-658-22123-2_5

5.1   Status Quo der Branche

Verortet man die Nachhaltigkeitskommunikation der gesamten Versicherungsbranche entlang der Umsetzungskategorien, so ergibt sich das in Abb. 5.1 ersichtliche Bild:

In der Betrachtung von 2017 gibt es lediglich einen Versicherer, der als „**Star**" mit einer wirksamen und begeisternden Nachhaltigkeitskommunikation aufwartet und Trends setzt: die Allianz. Einzig dieser Versicherer stellt seine Fähigkeit unter Beweis, das Thema CSR auf der gesamten unternehmerischen Kommunikationsklaviatur virtuos zu bespielen. Die Art der Nachhaltigkeitskommunikation zeugt von einer durchdachten Nachhaltigkeitsstrategie und einem fortschrittlichen Nachhaltigkeits-Management. Kontextualisierung ist alles andere als ein Fremdwort und die Anspruchsgruppen werden durch attraktive Formate informiert und ausdrücklich zum Dialog eingeladen.

12 Versicherer fallen in die Kategorie „**Performer**". Sie kommunizieren ausführlich über ihre Nachhaltigkeitsleistungen und widmen den Themen eigene Bereiche auf der Unternehmens-Website; die Kommunikation bleibt allerdings häufig auf taktisch-deskriptiver Ebene verhaftet, die meisten verzichten auf eine Kontextualisierung im globalen Kontext und Erläuterungen zur Einbettung ins Kerngeschäft (z. B. Principles for Responsible Investment, PRI); daneben gibt es kaum explizite Dialog-Angebote.

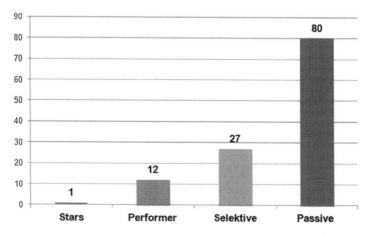

Abb. 5.1 Status Quo der Nachhaltigkeitskommunikation der Versicherungsbranche, 2017

27 Versicherer zählen zu den „**Selektiven**" und bieten i. d. R. unter dem Stichwort „Engagement" vereinzelte Informationen über ausgewählte Projekte und zwar vorwiegend im Bereich des regionalen Sport- und/oder Kultursponsorings; die Aufbereitung der Themen wirkt statisch; interessierte Leser werden auf externe Seiten von Projektpartnern verlinkt.

Insgesamt 80 Versicherer tummeln sich am anderen Ende der Skala. Die „**Passiven**": Hier findet Nachhaltigkeitskommunikation im Internet faktisch nicht statt oder bewegt sich auf niedrigstem Niveau. Das heißt, es konnten keine oder nur minimale Informationen zu gesellschaftlicher Verantwortung im weitesten Sinne gefunden werden.

In anderen Branchen, z. B. Automotive, Banken, Chemie, Haushaltsgeräte, finden sich deutlich mehr Akteure, die in Sachen wirksame Nachhaltigkeitskommunikation viel weitergereist sind (vgl. IÖW 2016). Dafür spricht auch, dass bei vielen Versicherern noch zu wenig (67 % „Passive") bzw. wenig Belastbares (23 % „Selektive") zum eigenen CSR-Engagement da ist, worüber sie reden könnten. Auch in der „Reife" der Nachhaltigkeitskommunikation zeigt sich ein ernüchterndes Bild für die Branche: Die Analysen im Rahmen der Studie förderten nur wenig Exzellenz zutage. Hoffnungsträger sind derweil die Performer (10 %), die bereits eine gute Grundlage für die weitere Professionalisierung ihrer Nachhaltigkeitskommunikation geschaffen haben.

Für die Branche lässt sich zur Nachhaltigkeitskommunikation festhalten:

- CSR wird nur bei wenigen Vorreitern wirksam kommuniziert.
- Es gibt ein schwaches Mittelfeld, ohne Bezug zum Kerngeschäft und einer allenfalls befriedigenden Nachhaltigkeitskommunikation. Hier herrschen regionale Verankerung, Sport- und Kultursponsoring sowie Mitarbeiterbelange vor.
- Ein Großteil der Versicherer zeigt keine oder nur geringe Wirksamkeit in der Nachhaltigkeitskommunikation.
- Es gibt viel „Luft nach oben", Potenziale liegen brach.

5.2 Trends in der Nachhaltigkeitskommunikation der Versicherer und ausgewählte Best-Practice Beispiele

Will man die Trends zur Nachhaltigkeitskommunikation der Versicherungsbranche beleuchten, bietet es sich an, einen Player in Augenschein zu nehmen – die Allianz. Dieses Unternehmen erfüllt die Anforderungen an eine

„state-of-the-art"-Kommunikation im Sachen Nachhaltigkeit und kann als Leuchtturm dienen. Auch bei den Performern finden sich bereits gute Ansätze, die im Folgenden ebenfalls beschrieben werden.

Die folgenden Beispiele haben wir den bereits genannten vier Untersuchungskategorien zugeordnet:

1. Auffindbarkeit & Präsenz
2. Integration & Appeal
3. Glaubwürdigkeit & Kompetenz
4. Dialog & Feedback

zugeordnet.

Best-Practice-Beispiele zu Auffindbarkeit & Präsenz
Nach einer Stichwortsuche (Nachhaltigkeit+Name des Unternehmens) erscheint im Idealfall eine gut strukturierte Ergebnisseite mit vielfältigen direkten Einstiegen in einzelne CSR-Bereiche der Unternehmens-Website. Wir nehmen hier als Einstiegsbeispiel Allianz und ERGO (s. Abb. 5.2).

Zu einem ebenfalls schnellen wie guten Ergebnis gelangt man über die Stichwortsuche Nachhaltigkeit+ERGO (s. Abb. 5.3).

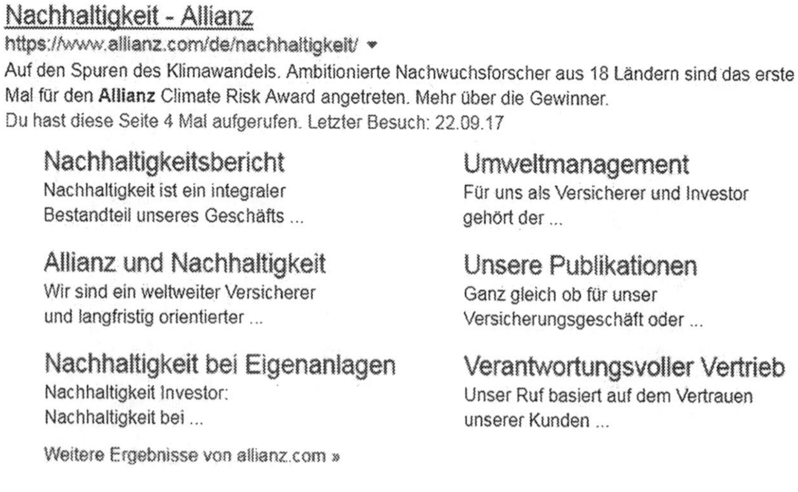

Nachhaltigkeit - Allianz
https://www.allianz.com/de/nachhaltigkeit/ ▾
Auf den Spuren des Klimawandels. Ambitionierte Nachwuchsforscher aus 18 Ländern sind das erste Mal für den Allianz Climate Risk Award angetreten. Mehr über die Gewinner.
Du hast diese Seite 4 Mal aufgerufen. Letzter Besuch: 22.09.17

Nachhaltigkeitsbericht
Nachhaltigkeit ist ein integraler
Bestandteil unseres Geschäfts ...

Umweltmanagement
Für uns als Versicherer und Investor
gehört der ...

Allianz und Nachhaltigkeit
Wir sind ein weltweiter Versicherer
und langfristig orientierter ...

Unsere Publikationen
Ganz gleich ob für unser
Versicherungsgeschäft oder ...

Nachhaltigkeit bei Eigenanlagen
Nachhaltigkeit Investor:
Nachhaltigkeit bei ...

Verantwortungsvoller Vertrieb
Unser Ruf basiert auf dem Vertrauen
unserer Kunden ...

Weitere Ergebnisse von allianz.com »

Abb. 5.2 Screenshot Google Ergebnisseite „Nachhaltigkeit+Allianz", Januar 2018

Verantwortung | ERGO Group AG
www.ergo.com/de/Verantwortung ▾
Wir berichten regelmäßig und ausführlich über unsere Fortschritte und Maßnahmen zur **Nachhaltigkeit**.
Unsere Leistungen im Rahmen unserer Corporate Responsibility stellen wir mit detaillierten Kennzahlen
in den Bereichen Finanzen, Umwelt und Mitarbeiter anschaulich dar. Diese Zahlen bilden zugleich die
Grundlage, ...
Du hast diese Seite 5 Mal aufgerufen. Letzter Besuch: 10.05.17

Nachhaltigkeitsbilanz
Nachhaltigkeitsbilanz. Die GRI-Bilanz
bezieht sich auf die ...

Kapitalanlage
... tragen wir Rechnung durch ein
umsichtiges und ...

Nachhaltige Produkte
Nachhaltige Produkte. Aspekte der
Nachhaltigkeit finden ...

GRI-Bilanz 2015
Unsere Ziele und Maßnahmen.
Dauerhaften Erfolg erzielen wir ...

ERGO Nachhaltigkeitsbericht ...
ERGO Versicherungsgruppe |
Nachhaltigkeitsbericht 2013 ...

Mobilität
Weniger ist mehr – Mobilität. Auf
Geschäftsreisen, bei ...

Weitere Ergebnisse von ergo.com »

Kontakt Corporate Responsibility | ERGO Group AG
www.ergo.com/de/Kontakt/Kontakt_Corporate_Responsibility ▾
Ihre Ansprechpartner bei **ERGO** Corporate Responsibility.

Abb. 5.3   Screenshot Google Ergebnisseite „Nachhaltigkeit+ERGO", Januar 2018

Interessant ist an dieser Stelle festzustellen, dass die Allianz mit dem Begriff
Nachhaltigkeit arbeitet, während ERGO den Begriff Verantwortung nutzt. In
beiden Fällen bekommt ein Nutzer verschiedene Optionen, sich zu Nachhaltigkeit des Unternehmens zu informieren. Das kann je nach Gusto dann im eigenen Bereich der Unternehmenswebsite sein, im aktuellen Nachhaltigkeitsbericht
oder zu nachhaltigen Produkten. ERGO spielt auch den direkten Kontakt zu den
Ansprechpartnern des CSR-Bereichs.

Am Beispiel der Barmenia zeigt sich, wie darüber hinaus mit Pressemeldungen
gearbeitet werden kann bzw. wie andere Quellen zum eigenen CSR-Engagement
verlinken (s. Abb. 5.4).

Best-Practice-Beispiele zu Integration & Appeal
Idealerweise werden CSR-Themen durchweg attraktiv und userfreundlich auf-
bereitet, wofür eine anspruchsvolle Bildsprache, zeitgemäßes Design, zahlreiche
Visualisierungsformate und der Einsatz multimedialer Elemente wie Kurzfilme
sorgen (Abb. 5.5 und 5.6).

Barmenia Versicherungen nachhaltigkeit - Dokumente - Mynewsdesk
www.mynewsdesk.com/de/barmenia/documents/tag/nachhaltigkeit ▾
Die **Barmenia** gleicht ihre unvermeidbaren Treibhausgase für das Jahr 2016 über ein zertifiziertes
Klimaschutzprojekt von myclimate aus. Das Projekt Solarkocher für Madagaskar wird hier im Detail
beschrieben. Quelle des Dokumentes ist myclimate.de.

Betriebswirtschaft ist ein MUSS für Nachhaltigkeit: Interview mit ...
www.huffingtonpost.de/.../betriebswirtschaft-nachhaltigkeit-umwelt_b_15130836.ht... ▾
04.03.2017 - Stephan Bongwald ist seit 2012 **Nachhaltigkeitsbeauftragter** bei den **Barmenia**
Versicherungen. Als gelernter ... **2017**-03-03-1488540063-5271399-Barmenia_Bongwald_Malis4_B.jpg
... Herr Bongwald, war die **Barmenia** bereits in 2008 ein Unternehmen, in dem **Nachhaltigkeit** eine
wichtige Rolle spielte?

Nachhaltige Versicherungen, grüne Rente oder Krankenkasse? Es geht!
https://utopia.de › Ratgeber ▾
06.06.2017 - Das Geld der Versicherten legt die **Barmenia** verantwortungsbewusst an: So bekennt sich
die **Barmenia** zu den Grundsätzen für **nachhaltiges** Investieren der Vereinten Nationen und hat
Ausschlusskriterien für die Kapitalanlage festgelegt. So investiert man nicht in Unternehmen, die
beispielsweise ...

Abb. 5.4   Screenshot Google Ergebnisseite „Nachhaltigkeit+Barmenia", Januar 2018

Abb. 5.5   Screenshot Video „Unsere Nachhaltigkeitsreise" der Allianz, Januar 2018

Der Vorteil in solchen Multimedia-Formaten liegt in der leichten Vermittlung
der relevanten CSR-Botschaften eines Unternehmens. Die Persönlichkeit kann
besser transportiert werden und auch der Spaß an der Sache kommt nicht zu kurz.

Abb. 5.6 Screenshot Video „Was bedeutet Nachhaltigkeit…" der ERGO, Januar 2018

Bei der AXA beispielsweise finden sich hervorragend inszenierte Unterbereiche, besonders sticht der Bereich zu Diversity & Inclusion hervor (s. Abb. 5.7).

Es lohnt sich, einmal tiefer in den Bereich www.axa.de/karriere/arbeiten-bei-axa/diversity-and-inclusion einzusteigen und sich die zahlreichen persönlichen Interviews mit Mitarbeitern anzuschauen. Hier wurde viel Energie in eine gute Inszenierung investiert, um das Thema lebendig zu machen.

Für Glaubwürdigkeit sorgt zusätzlich der neutrale Check der Antidiskriminierungsstelle des Bundes. Als eines der ersten Unternehmen Deutschlands setzt AXA mit der Teilnahme am Gleichbehandlungscheck auf Transparenz. Dieser analysiert die Gleichbehandlung von Frauen und Männern im Arbeitsleben mit Blick auf Stärken und Handlungsfelder. Nach eigenen Angaben nimmt die AXA den Check zum Anlass, konkrete Maßnahmen umzusetzen, die auf identifizierte Handlungsfelder einzahlen.

Abb. 5.7 Screenshot Einstieg Diversity & Inclusion, Gleichbehandlungs-Check, AXA, Januar 2018

Die Darstellung des sozialen Engagements bei der Zurich setzt auf Storytelling und Filme, die sich auch im YouTube Kanal finden lassen. Das ist emotional ansprechend und hat das Potenzial für ein hohes Involvement der Betrachter (s. Abb. 5.8).

Best-Practice-Beispiele zu Glaubwürdigkeit & Kompetenz
Glaubwürdige Nachhaltigkeitskommunikation fußt auf Daten und Fakten. Dem werden Unternehmen vor allem durch die Veröffentlichung eines Nachhaltigkeitsberichts, z. B. nach dem de facto Standard GRI (Global Reporting Initiative), gerecht. Auch eine DNK-Entsprechenserklärung erhöht die Glaubwürdigkeit eines CSR-Ansatzes. Zudem vermitteln externe Zertifizierungen Kompetenz und Kontinuität

Abb. 5.8   Screenshot „Leben braucht Helden", Zurich Versicherung

des CSR-Engagements, z. B. Audits zu Beruf und Familie, ISO 14001. Daneben untermauern Trust-Merkmale wie die Unterzeichnung der Principles for Responsible Investment (PRI) explizit die Glaubwürdigkeit des Engagements von Unternehmen.

Bei den Versicherern finden sich einige Beispiele dafür, wie man mit Daten und Fakten umgehen kann. In den seltensten Fällen geschieht dies auf 100 % überzeugende Art und Weise. So müssen wir uns an dieser Stelle statt mit Best-Practice mit Good-Practice zufriedengeben, beispielsweise bei der Generali (s. Abb. 5.9).

Die hinterlegten Sustainability Reports stehen bei Generali als PDF nur in englischer Sprache zur Verfügung (s. Abb. 5.10).

Sustainability Report	>
Annual Integrated Report	>
Mitarbeiterkennzahlen	>
Umweltkennzahlen	>
Zertifikate	>

Abb. 5.9   Screenshot Einstieg in „Zahlen, Daten, Fakten", Generali Januar 2018

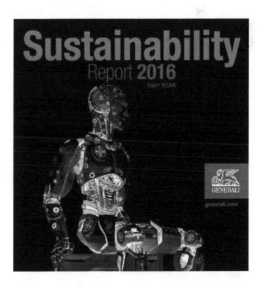

Abb. 5.10   Screenshot „Sustainability Report", Generali Januar 2018

Versicherer tun gut daran, ihre wesentlichen CSR-Themen zu identifizieren und sich bewusst auf diese zu fokussieren. Auch in der Nachhaltigkeitskommunikation. Doch was sind die wesentlichen Themen eines Versicherers? Die wenigsten geben klare Antworten darauf oder versuchen ernsthaft, ihre Stakeholder mitzunehmen. So finden sich auch kaum Beispiele für Wesentlichkeitsanalysen samt einer überzeugenden Prozess- und Ergebnisdarstellung. Die SwissLife jedoch bietet eine solche Wesentlichkeits-Matrix in ihrem Online CSR-Bereich an (s. Abb. 5.11).

Nicht zu unterschätzen ist auch die Rückendeckung „von oben" im eigenen Unternehmen, wenn es um die Glaubwürdigkeit des unternehmerischen CSR-Engagements geht. Bei der ERGO beispielsweise setzt der Vorstandsvorsitzende mit einem ebenso kompetenten wie überzeugenden Statement den Startpunkt (s. Abb. 5.12). Und das auf seinem persönlichen Twitter-Kanal. Darüber hinaus lädt Dr. Markus Rieß zu Feedback und Austausch ein.

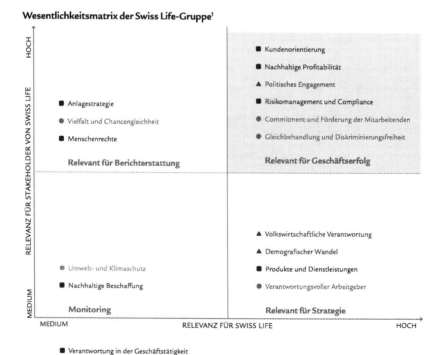

Abb. 5.11 Screenshot „Wesentlichkeits-Analyse", SwissLife

Das ist bemerkenswert und kann als Vorbild für gute Nachhaltigkeitskommunikation in die Lehrbücher eingehen.

Die Barmenia zeigt „tone from the top" mit einer Videobotschaft des Vorstandsvorsitzenden Dr. Andreas Eurich (s. Abb. 5.13).

Verantwortung bei ERGO

ERGO und die zu ihrer Gruppe gehörenden Unternehmen bekennen sich zu verantwortungsvollem und umsichtigem Handeln. Auf diesen Seiten informieren wir transparent und ausführlich über unser Engagement in vier Handlungsfeldern: Wir wirtschaften nachhaltig und fördern unsere Mitarbeiter sowie ihre Potenziale. Die Umwelt schützen wir ebenso wie wertvolle Ressourcen und wir engagieren uns sozial, wobei wir uns insbesondere für zukünftige Generationen stark machen.

Statement Dr. Markus Rieß, ERGO Vorstandsvorsitzender

„Wir versichern Menschen und Unternehmen für die Zukunft. Nur wenn es uns gelingt, wirtschaftliche, ökologische und soziale Interessen in Einklang zu bringen, werden wir langfristig erfolgreich sein – als Unternehmen und als Gesellschaft."

> Mehr lesen…

Abb. 5.12 Screenshot CEO-Statement zu Nachhaltigkeit der ERGO

Dr. Andreas Eurich zum Thema Nachhaltigkeit bei
den Barmenia Versicherungen

Abb. 5.13 Screenshot Video von Dr. Andreas Eurich, Vorstandsvorsitzender der Barmenia

Best-Practice-Beispiele zu Dialog & Feedback
Unter dieser Schwerpunkt-Betrachtung stellen Unternehmen idealerweise sicher, dass der zunehmend wichtigen Outside-In Perspektive Rechnung getragen wird. Sie öffnen sich für Feedback von außen, signalisieren dies überzeugend ihren externen Stakeholdern und laden zum Dialog ein.

Bei den Versicherern ist insgesamt eine große Zurückhaltung zu beobachten. Schon die organisatorische Aufhängung der Funktion Nachhaltigkeit in den Unternehmen ist oft unklar. Mit der unbeantworteten Frage nach der Zuständigkeit wird natürlich auch der Dialog mit der Außenwelt erschwert. Häufig findet man nur allgemeine Kontakt-Optionen im Sinne von csr@unternehmenxy.de o. ä. Ein nächster Entwicklungsschritt lässt dann die klare Nennung von Verantwortlichen zu, über die immerhin eine direkte Ansprache möglich ist. Doch einladend und aktiv ist dies sicherlich noch nicht. Hier zeigt sich zudem, wie unterschiedlich das Thema Nachhaltigkeit bei den einzelnen Versicherern zugeordnet wird.

So können auch hier wieder eher Good-Practice denn Best-Practice Beispiele aufgezeigt werden (s. Abb. 5.14, 5.15 und 5.16).

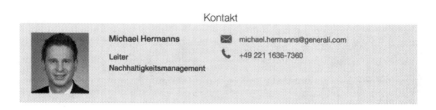

Abb. 5.14 Screenshot Kontakt Nachhaltigkeitsmanagement, Generali

Kontakt Corporate Responsibility

ERGO Group AG
Corporate Responsibility (UCRD)
Sabine Mende

Victoriaplatz 2
40198 Düsseldorf

verantwortung@ergo.de

Abb. 5.15   Screenshot Kontakt Corporate Responsibility, ERGO Group AG

Abb. 5.16   Screenshot Kontakt Leiter der Unternehmenskommunikation, Provinzial Rheinland Versicherungen

Agenda für eine wirksame externe Nachhaltigkeitskommunikation 6

Aus den vorhergehenden Kapiteln lässt sich eine Essenz generieren, wie Nachhaltigkeitskommunikation wirksam aufgesetzt werden kann. Wir haben den bereits bekannten vier Untersuchungskategorien destillierte Handlungsempfehlungen zugeordnet.

6.1 Agenda für Auffindbarkeit & Präsenz im Internet

Kernfragen: Wie leicht und über welche Vielfalt an Formaten und Kanälen können externe Stakeholder auf relevante CSR/Nachhaltigkeitsinformationen eines Versicherers zugreifen? Inwieweit verlinken unabhängige anerkannte Drittorganisationen (z. B. Medien oder NGO) im Internet auf das CSR/Nachhaltigkeits-Engagement eines jeweiligen Versicherers?

So gelingt's

- Bieten Sie klar identifizierbare CSR-Informationen zu Ihrem Unternehmen möglichst auf der ersten Ergebnisseite, auf die ein Nutzer nach seiner Sucheingabe (z. B. über Google) gelangt.
- Steuern Sie auffindbare Ergebnisse so, dass ein Nutzer idealerweise mehrere Meldungen zu klar identifizierbaren CSR-Themen Ihres Unternehmens möglichst auf der ersten Ergebnisseite findet.
- Stellen Sie sicher, dass die Verlinkung auf einen klar benannten CSR-Bereich auf Ihrer Unternehmens-Website reibungslos funktioniert.
- Spielen Sie Ihre (relevanten) CSR-Themen auch in Social-Media-Kanälen und stellen Sie eine einwandfreie Verlinkung sicher.

© Springer Fachmedien Wiesbaden GmbH, ein Teil von Springer Nature 2018
D. Schubert und E. Pieper, *Nachhaltigkeitskommunikation
in der Versicherungswirtschaft,* essentials,
https://doi.org/10.1007/978-3-658-22123-2_6

- Sofern vorhanden – teasern Sie Ihren aktueller CSR-Bericht oder Ihre DNK-Entsprechenserklärung an.
- Platzieren Sie systematisch Pressemeldungen zu CSR-Themen und steuern sie gezielt aus.
- Sorgen Sie dafür, dass auch andere – objektive – Quellen auf Ihr CSR-Engagement referenzieren.

6.2 Agenda für Integration & Appeal

Kernfragen: Wie oft und wie virtuos bespielt ein Versicherer die Kommunikationsklaviatur in Sachen CSR/Nachhaltigkeit? Wie aktuell sind die Informationen und mit welcher Kontinuität werden sie gespielt? Inwiefern werden Botschaften integriert und widerspruchsfrei über verschiedene Kanäle vermittelt? Wie attraktiv ist die Darstellung?

So gelingt's

- Idealerweise werden CSR-Themen bereits auf der Startseite Ihrer Unternehmens-Website angeteasert (aktuelle Infos oder Leuchtturmprojekte, Ergebnisse, etc.).
- Stellen Sie sicher, dass Ihre CSR-Themen sich in einem klar benannten Menüpunkt auf der Unternehmens-Website wiederfinden.
- Idealerweise spiegeln sich CSR-Themen auch in einer eigenen Facebook-Präsenz wider.
- Idealerweise finden sich CSR-Themen auf einem eigenen YouTube-Kanal wieder.
- Inszenieren Sie Ihre relevanten CSR-Themen auch im Unternehmens-Blog oder im Ratgeberbereich.
- Stellen Sie Querverbindungen zwischen Online-Kanälen und anderen Dokumenten her und sorgen Sie dafür, dass die Links eindeutig und reibungslos funktionieren.
- Sorgen Sie für Bewegung, sodass Aktualität und Kontinuität bei den CSR-Themen erkennbar ist. Bieten Sie regelmäßig neue Inhalte an.
- Bieten Sie möglichst nicht ausschließlich statische Informationen an.
- Stellen Sie sicher, dass die Inhalte Ihres CSR-Bereichs sich benutzergerecht über verschiedene inhaltliche Ebenen gut erfassen lassen.
- Sorgen Sie für eine ansprechende Aufbereitung Ihrer CSR-Themen. Reiner Text reicht nicht aus, um komplexe Sachverhalte darzustellen. Setzen Sie auf Infografiken, Tabellen, Videos etc.

- Lassen Sie ausgewählte CSR-Themen multimedial aufbereiten.
- Setzen Sie auch auf Emotionen zur Vermittlung der Botschaften, z. B. durch Storytelling.
- Lassen Sie Beteiligte zu Wort kommen, z. B. Mitarbeitende, Kunden oder Lieferanten/Partner.
- Sie können für besonders relevante CSR-Themen auch ausgelagerte Webseiten (Microsites) aufsetzen, um diese in angemessener Manier zu inszenieren.

6.3 Agenda für Glaubwürdigkeit & Kompetenz

Kernfragen: Wie professionell und vertrauenswürdig kommuniziert ein Versicherer in Sachen CSR/Nachhaltigkeit? Wie ist es um die Kontextualisierung und Bandbreite der behandelten Themen bestellt? Gibt es ein deutliches Engagement der Führung, seriöse Trust Merkmale und ein sichtbares Bemühen um Abbau von Informations-Asymmetrien?

So gelingt's

- Ein eigener CSR-Bericht ist vorhanden und optimal eingebunden (am besten als Online-Bericht mit Querverlinkungen auf spez. Bereiche der Website, zumindest aber als PDF optimiert für das Lesen am Bildschirm).
- Zudem sollte eine schnelle Auffindbarkeit sichergestellt sein: Wie viele Klicks braucht ein Nutzer bis zum Bericht?
- Eine DNK-Entsprechenserklärung ist vorhanden und das entsprechende Signet gut sichtbar an geeigneter Stelle eingebunden.
- Es wird deutlich, wer für das CSR/Nachhaltigkeitsmanagement bzw. die Nachhaltigkeitskommunikation verantwortlich ist.
- Relevante CSR-Kennzahlen und ihre Entwicklung werden (auch rückblickend) dargelegt.
- Beziehen Sie externe CSR-Experten ein und/oder nennen Sie an geeigneter Stelle kompetente Quellen.
- Tragen Sie dazu bei, Abstraktheit aufzulösen und stellen Sie sicher, dass Ihr Unternehmen zu seinen CSR-Themen ausreichend konkret wird. Das können durchgeführte Projekte sein, in Auftrag gegebene Studien o. ä.
- Verdeutlichen Sie die idealerweise vorhandene Management-Präsenz zum Thema: Der Vorstand/CEO bezieht Stellung. Setzen Sie dabei auf lebendige Interviews und Artikel.

- Die Führungsmannschaft sollte gezielt Reden, Podiumsdiskussionen o. ä. öffentliche Auftritte nutzen, um über Nachhaltigkeit zu sprechen.
- Binden Sie TrustMerkmale überzeugend ein. Ihr Unternehmen ist besonders familienfreundlich? Dann könnte das Audit *berufundfamilie* das passende Trust-Merkmal sein.
- Nehmen Sie an Nachhaltigkeits-Wettbewerben teil. Der wohl bekannteste ist der Deutsche Nachhaltigkeitspreis (DNP, www.nachhaltigkeitspreis.de).
- Helfen Sie Ihren Stakeholdern, die Informationen in einen nachvollziehbaren Kontext zu setzen. Das gelingt, indem Sie Bezug nehmen auf globale CSR Themen wie z. B. Klimawandel, SDG etc.
- Auf stand-alone-Informationen sollten Sie möglichst verzichten. Besser ist es, wenn das Unternehmen mindestens die übliche Bandbreite der CSR-Themen (Ökonomie, Ökologie, Soziales) adressiert und erklärt.
- Ergreifen Sie Maßnahmen zur Reduzierung von Komplexität der CSR-Themen.
- Binden Sie Ihre Stakeholder ein und befähigen sie, z. B. indem Sie Ihnen den Unterschied zwischen nachhaltigen und konventionellen Versicherungsprodukten erklären.
- Stellen Sie einen FAQ-Bereich oder ein Glossar zu Nachhaltigkeit online bereit.
- Stellen Sie unter Beweis, dass Ihr Unternehmen überzeugt an Veränderungen zum Besseren arbeitet, indem Sie Ihre Mitarbeiter zu Nachhaltigkeit schulen und einbinden. Mitarbeiter können Botschafter in ihrem eigenen Umfeld werden oder sich zu Nachhaltigkeit in social Media äußern.
- Wenden Sie grundsätzliche Elemente verständlicher Sprache an, um Ihre CSR-Themen bestmöglich zu transportieren.
- Ihr Engagement in CSR-affinen Initiativen sollten Sie deutlich kommunizieren.
- Engagieren Sie sich in Brancheninitiativen oder treiben Sie sie selbst voran.
- Suchen Sie den Austausch mit Wettbewerbern, Universitäten, Forschungsinstitutionen zu spezifischen CSR-Themen.

6.4 Agenda für Dialog & Feedback

Kernfragen: Inwiefern stellt das Unternehmen sicher, dass der zunehmend wichtigen Outside-In Perspektive Rechnung getragen wird? Wie weit öffnet sich ein Unternehmen für Dialog und Feedback von außen und signalisiert dies überzeugend seinen Stakeholdern bzw. lädt sie aktiv zum Dialog ein?

So gelingt's

- Bieten Sie möglichst vielfältige Optionen für einen spezifischen Kontakt zu CSR/Nachhaltigkeitsanliegen.
- Unterbreiten Sie zu den klassischen Kontakt-Optionen weitere Dialog- und Feedbackangebote (Chats, Foren, Ideen-Werkstätten o. ä.).
- Sie können auch Ansätze für eine Community zu CSR als Option für einen Austausch anbieten.
- Verstecken Sie die möglichst vielfältigen Optionen nicht in den Tiefen der Website, sondern finden Sie eine attraktive Platzierung.
- Veranstalten Sie regelmäßige Stakeholder-Dialoge. Webbasiert und/oder als Großgruppenformat, z. B. zur Bestimmung Ihrer wesentlichen Themen – oder zu spezifischen Handlungsfeldern der Nachhaltigkeit. Nutzen Sie hierfür geeignete Methoden und Instrumente.

Ausblick 7

In einer von Reader's Digest durchgeführten repräsentativen Studie zum Verbrauchervertrauen nimmt die Versicherungsbranche den letzten Platz ein. Gerade 22 % der befragten Personen sind bereit, den Versicherern voll oder weitgehend zu vertrauen (vgl. Reader's Digest 2017). Zugleich erwarten die Kunden von den Unternehmen, dass sie sich glaubhaft auch für gesellschaftliche Belange einsetzen – und Transparenz zu den Hintergründen ihres wirtschaftlichen Handelns schaffen.

Hinzu kommen neue Anforderungen von Investoren und Gesetzgebern, die ebenfalls die Versicherungsbranche bewegen, sich in Sachen Verantwortung und Nachhaltigkeit zu professionalisieren. Bei den Versicherern herrscht demzufolge ein erheblicher Handlungsdruck mit Blick auf das Management und die Kommunikation von CSR/Nachhaltigkeit.

Die vorangehenden Kapitel haben jedoch gezeigt, dass die Branche insgesamt (bis auf wenige Ausnahmen) hier noch in den Kinderschuhen steckt und anderen weit hinterherhinkt. Auch Brancheninitiativen, wie sie anderweitig etwa von Verbänden vorangetrieben werden, lassen bislang auf sich warten.

Den Unternehmen stehen zahlreiche Orientierungshilfen, Rahmenwerke, praxiserprobte Ansätze und Instrumente zur Verfügung. Wir möchten hier nur einige nennen, die wir als relevant erachten: die nachhaltigen Entwicklungsziele der UN oder Sustainable Development Goals (SDGs), der Global Compact, das Pariser Klimaabkommen, die Global Reporting Initiative und der DNK.

Wir empfehlen den Versicherern, ihre gewählten Programme und Maßnahmen von Anfang an kommunikativ zu begleiten. Neben unserem hier gesetzten Schwerpunkt auf die externe Nachhaltigkeitskommunikation spielt die interne Kommunikation vor allem am Anfang eine wichtige Rolle. Denn gerade zu Beginn müssen die Führungskräfte und Mitarbeitenden an Bord geholt werden.

© Springer Fachmedien Wiesbaden GmbH, ein Teil von Springer Nature 2018   49
D. Schubert und E. Pieper, *Nachhaltigkeitskommunikation*
in der Versicherungswirtschaft, essentials,
https://doi.org/10.1007/978-3-658-22123-2_7

Versicherer, die jetzt durchstarten, sollten die Chancen des Beginners nutzen und Nachhaltigkeit samt Kommunikation von Anfang an als integrativen Teil ihres Kerngeschäfts anlegen. So konzentrieren sie sich auf relevante Themen und vermeiden, Ressourcen in ineffektiven Bereichen wenig zielgerichtet einzusetzen. Der Trend weist deutlich in Richtung Integration ins Kerngeschäft, wie etwa die weltweit steigende Zahl an kombinierten und integrierten Berichten untermauert. Der Sinn und Zweck letzterer liegt darin, die Wechselwirkungen von sozialen, ökologischen und wirtschaftlichen Impacts der unternehmerischen Tätigkeit aufzuzeigen. Versicherer sollten einer modernen Auffassung von Nachhaltigkeit folgen und sich von der Prämisse des weniger schlecht Werdens hin bewegen zu einem mit der eigenen Geschäftstätigkeit Mehrwert zu schaffen (Shared Value).

Wir leben in einer Zeit der scheinbar grenzenlosen Transparenz. Längst liegt die Deutungshoheit dank Internet und Social Media nicht mehr bei den Unternehmen, sondern bei seinen Kunden und anderen Stakeholdern. Gelingende Nachhaltigkeitskommunikation braucht daher auch Mut zum offenen Dialog mit der Außenwelt und das Thema Nachhaltigkeit ebenso wie seine Kommunikatoren eine entsprechende Rückendeckung von oben.

Daher lautet der Appell an die Versicherer, sich zu öffnen und moderne Kommunikationskanäle durchgängig zu nutzen. Sei es über Chats, Social-Media, webgestützte Stakeholder-Dialoge oder zumindest einen direkten Kontakt zu den Nachhaltigkeitsverantwortlichen. Denn wer sich nicht in den öffentlichen Diskurs einklinkt, verzichtet auf Eingriffs- und Gestaltungsmöglichkeiten und lässt zu, dass andere das bestehende Vakuum nach ihrem Ermessen ausfüllen.

„Talk the Walk & Walk the Talk", lautet das Motto der Stunde. Die so geschaffene Konsistenz in der Wahrnehmung der Stakeholder stützt nachweislich die Glaubwürdigkeit der Versicherer. Über den fortlaufenden Dialog mit relevanten Anspruchsgruppen können sie Risiken besser steuern und Markt-, Legitimations- und Reputationsziele erreichen.

Mit diesem *essential* und den darin enthaltenen Empfehlungen wollen wir den Versicherern konkrete Hinweise an die Hand geben, wie sie sich diesen Zielen weiter annähern können.

Wir hoffen, mit dieser Publikation auch unsere eigene Haltung zu Nachhaltigkeit verdeutlicht zu haben und ansteckend zu wirken.

Peter Drucker soll einmal gesagt haben:

The greatest danger in times of turbulence is not the turbulence: It is to act with yesterday's logic.

In diesem Sinne wünschen wir uns, dass die Versicherer nicht nur die Notwendigkeit, sondern auch die Chancen und Vorteile erkennen, die mit ihrem Einsatz für eine nachhaltige Entwicklung verbunden sind. Möge die Macht mit ihnen sein! Unser herzlicher Dank geht abschließend an den Verlag Springer Gabler, der die Idee zu diesem *essential* an uns herangetragen hat, sowie an Dr. Eurich, Vorstand Barmenia Versicherungen, für sein engagiertes Vorwort. Vorreiter wie die Barmenia Versicherungen beweisen seit vielen Jahren, dass Nachhaltigkeit sich auszahlt und machen mit ihrem Erfolg auch anderen Unternehmen Mut, sich gezielt zu engagieren.

Was Sie aus diesem *essential* mitnehmen können

- Einschätzung der vielfältigen Chancen von Nachhaltigkeit im Kontext der Erwartungen relevanter Stakeholder.
- Wege und Möglichkeiten, das Nachhaltigkeitsmanagement mit Hilfe professioneller Kommunikation zu begleiten und zu unterstützen.
- Wissen über die Vorteile einer wirksamen Nachhaltigkeitskommunikation.
- Kenntnis der besonderen Anforderungen an Nachhaltigkeitskommunikation mit Blick auf die unternehmerischen Ziele.
- Praxiserprobte Handlungsempfehlungen entlang der vier Kategorien *Auffindbarkeit & Präsenz, Integration & Appeal, Glaubwürdigkeit & Kompetenz, Dialog & Feedback*

© Springer Fachmedien Wiesbaden GmbH, ein Teil von Springer Nature 2018   53
D. Schubert und E. Pieper, *Nachhaltigkeitskommunikation in der Versicherungswirtschaft*, essentials, https://doi.org/10.1007/978-3-658-22123-2

Literatur

Altenburger, R., & Mesicek, R. H. (2016). *CSR und stakeholder-management*. Berlin: Springer Gabler.

Balderjahn, I. (2013). *Nachhaltiges Management und Konsumentenverhalten*. Stuttgart: UTB Lucius.

bbg Betriebsberatungs GmbH. Studie "AssCompact TRENDS III/2017". http://www.asscompact.de.

Becker, F., Rosenstiel, L., & Spörrle, M. (2007). Persuasion durch Glaubwürdigkeit. In K. Moser (Hrsg.), *Wirtschaftspsychologie* (S. 69–84). Heidelberg: Springer Medizin.

Beenken, M. (2017). Nachhaltigkeit gerne – nur nicht bei mir. Versicherungsmagazin v. 4.9.2017. https://www.versicherungsmagazin.de/rubriken/branche/nachhaltigkeit-gerne-nur-nicht-bei-mir-1986439.html. Zugegriffen: 11. März 2018.

Belz, F.-M., & Peattie, K. (2009). *Sustainability marketing: A global perspective*. Chichester: Wiley.

Bentele, G., & Nothhaft, H. (2011). Vertrauen und Glaubwürdigkeit als Grundlage von Corporate Social Responsibility: Die (massen-)mediale Konstruktion von Verantwortung. In J. Raupp, S. Jarolimek, & F. Schultz (Hrsg.), *Handbuch CSR – Kommunikationswissenschaftliche Grundlagen, disziplinäre Zugänge und methodische Herausforderungen*. Wiesbaden: VS Verlag.

Bentele, G., Buchele, M-S., Hoepfner, J., & Liebert, T. (2009). *Markenwert und Markenwertermittlung* (3. Aufl.). Wiesbaden: Gabler.

Brugger, F. (2010). *Nachhaltigkeit in der Unternehmenskommunikation. Bedeutung, Charakteristika und Herausforderungen*. Wiesbaden: Gabler.

Bruhn, M. (2008). Integrierte Kommunikation. In M. Meckel & B. F.Schmid (Hrsg.), *Unternehmenskommunikation. Kommunikationsmanagement aus Sicht der Unternehmensführung* (2. Aufl., S. 513–559). Wiesbaden: Gabler.

Facit Research. (2016). Turning the page. Wie Nachhaltigkeit das Image deutscher Finanzdienstleister beeinflusst. https://www.facit-group.com/studien/turning-the-page/.

Fieseler, C., Hoffmann, C. P., & Meckel, M. (2010). CSR 2.0 – Die Kommunikation von Nachhaltigkeit in Sozialen Medien. *Marketing Review St. Gallen, 27*(5), 22–29.

Frese, M., & Colsman, B. (2017). *Nachhaltigkeitsreporting für Finanzdienstleister*. Wiesbaden: Springer Gabler.

© Springer Fachmedien Wiesbaden GmbH, ein Teil von Springer Nature 2018
D. Schubert und E. Pieper, *Nachhaltigkeitskommunikation in der Versicherungswirtschaft*, essentials, https://doi.org/10.1007/978-3-658-22123-2

Frese, M., & Schubert, D. (2017). Abhaken oder glänzen? Zum guten Umgang mit der CSR-Berichtspflicht. In N-Kompass Magazin (01/2017). https://faehrmannschaft.de/wp-content/uploads/2017/01/N-Kompass-Magazin_01_2017_CSR-Berichtspflicht-1.pdf.

Fuchs, S. (2009). *Unternehmensreputation und Markenstärke. Analyse von Wechselwirkungen und Ansätzen zur Prognose des Konsumentenverhaltens.* Wiesbaden: Gabler.

Global Reporting Initiative. (2015). Leitfaden zur Nachhaltigkeitsberichterstattung. https://www.globalreporting.org/resourcelibrary/GRI-G3-German-Reporting-Guidelines.pdf.

Helmke, S., et al. (2015). *LOHAS Marketing. Strategie – Instrumente – Praxisbeispiele.* Wiesbaden: Springer Gabler.

Hilker, C. (2017). *Content Marketing in der Praxis: Ein Leitfaden – Strategie, Konzepte und Praxisbeispiele für B2B- und B2C-Unternehmen.* Wiesbaden: Springer Gabler.

Hillmann, M. (2011). *Unternehmenskommunikation kompakt.* Wiesbaden: Gabler.

International Integrated Reporting Council (IIRC). (2018). International <IR> Framework. https://integratedreporting.org/resource/international-ir-framework/. Zugegriffen: 2. März 2018.

Karmasin, M., & Weder, F. (2008). *Organisationskommunikation und CSR: Neue Herausforderungen an Kommunikationsmanagement und PR.* Münster: LIT.

Khan, M., et. al. (2016). Corporate sustainability. First evidence on materiality. *The Accounting Review, 91*(6), 1697–1724. https://papers.ssrn.com/sol3/papers.cfm?abstract_id=2575912. Zugegriffen: 20. März 2017.

Kirchgeorg, M., & Greven, G. (2008). Motivallianzen als Treiber des nachhaltigen Konsums. *Marketing Review St. Gallen, 25*(4), 50–55.

Langner, T., & Fischer, A. (2008). Markenkommunikation 2.0 – Konsumenten formen Markenbotschaften. *Marketing Review St. Gallen, 25*(5), 16–20.

Luhmann, N. (1993). *Soziale Systeme. Grundriß einer allgemeinen Theorie..* Frankfurt a. M.: Suhrkamp.

Mast, C. (2010). *Unternehmenskommunikation. Ein Leitfaden* (4. Aufl.). Stuttgart: Utb.

Mast, C., & Fiedler, K. (2007). Nachhaltige Unternehmenskommunikation. In G. Michelsen & J. Godemann (Hrsg.), *Handbuch Nachhaltigkeitskommunikation* (2. Aufl., S. 567–578). München: Oekom.

Michelsen, G. (2007). Nachhaltigkeitskommunikation: Verständnis – Entwicklung- Perspektiven. In G. Michelsen, & J. Godemann (Hrsg.), *Handbuch Nachhaltigkeitskommunikation. Grundlagen und Praxis* (2. Aufl., S. 25–41). München: Oekom.

Nachhaltigkeit, J. (2018). *Nachhaltig wirtschaften, Einführung. Themen. Beispiele.* Regensburg: Walhalla und Praetoria Verlag GmbH & Ko, KG.

Neumaier, M. (2010). *Vertrauen im Entscheidungsprozess.* Wiesbaden: Gabler.

Oliver, L. (2017). World Economic Forum: Swiss Re is moving its € 130 billion portfolio into ethical investments. https://www.weforum.org/agenda/2017/08/ethical-investment-why-swiss-re-is-moving-130-billion-of-investment. Zugegriffen: 23. Okt. 2017.

Pieper, E. (2013). Empfehlungen für die marktbezogene Nachhaltigkeitskommunikation großer Reiseveranstalter. Centre for Sustainability Management, Leuphana Universität Lüneburg.

Porter, M. E., & Kramer, M. R. (2011). Creating shared value. *Harvard Business Review, Jan./Feb.* (2011). https://hbr.org/2011/01/the-big-idea-creating-shared-value.

Prexl, A. (2010). *Nachhaltigkeit kommunizieren – nachhaltig kommunizieren. Analyse des Potenzials der Public Relations für eine nachhaltige Unternehmens- und Gesellschaftsentwicklung.* Wiesbaden: VS Verlag.

Reader's Digest. (2017). Trusted brands 2017. http://www.rd-markengut.de/images/trusted_brands/Trusted_Brands_2017_Studieninformation.pdf. Zugegriffen: 9. Sept. 2017.

Rheinländer, K., Antes, R., & Fiedler, K. (2011). Die nachhaltigkeitsorientierte Kommunikation in Social Media. *uwf, 19*, 95–100.

RNE. (2017). Rat für Nachhaltige Entwicklung: Der DNK im Sinne des CSR-Richtlinie- Umsetzungsgesetzes (CSR-RUG). https://www.deutscher-nachhaltigkeitskodex.de/fileadmin/user_upload/dnk/dok/leitfaden/20180213_Anwendungshilfe_DNK_CSR_RUG_Anwender.pdf.

Schmitt, J., & Röttger, U. (2011). Corporate Responsibility-Kampagnen als integriertes Kommunikationsmanagement. In J. Raupp, S. Jarolimek, & F. Schultz (Hrsg.), *Handbuch CSR. Kommunikationswissenschaftliche Grundlagen, disziplinäre Zugänge und methodische Herausforderungen* (S. 173–187). Wiesbaden: VS Verlag.

Schormair, M., & Gilbert, D. (2017). *Das Shared-Value-Konzept von Porter und Kramer – The Big Idea!? (2017).* Berlin: Springer Gabler.

Schrader, U. (2005). Von der Öko-Werbung zur Nachhaltigkeits-Kommunikation. In F.-M. Belz & M. Bilharz (Hrsg.), *Nachhaltigkeits-Marketing in Theorie und Praxis* (S. 61–74). Wiesbaden: Dt. Univ. Verlag.

Schrader, U., & Diehl, B. (2010). Nachhaltigkeitsmarketing durch Interaktion. *Marketing Review St. Gallen, 27*(5), 16–20.

Schubert, D. (2014). "Nachhaltigkeit für viele Versicherer noch ein Fremdwort", in Finanzwelt. de; http://finanzwelt.de/studie-nachhaltigkeit-fuer-viele-versicherer-noch-ein-fremdwort/.

Schubert, D. (2017a). "Nachhaltigkeit: der Nachholbedarf ist gross", in Experten.de; http://www.experten.de/2017/08/16/nachhaltigkeit-der-nachholbedarf-ist-gross/.

Schubert, D. (2017b) CSR bei Versicherern: Da geht mehrC, in Umweltdialog.de; http://www.umweltdialog.de/de/csr-management/csr-nachrichten/2017/CSR-bei-Versicherern-Da-geht-mehr.php.

Schormair, M. J. L., & Gilbert, D. U. (2017). *Das Shared-Value-Konzept von Porter und Kramer – The Big Idea!?* Berlin: Springer Gabler.

SZ online. (2015). Ethischer Konsum: Wertewandel oder Lippenbekenntnisse? Süddeutsche Zeitung Online v. 23.4.2015. http://www.sueddeutsche.de/news/wissen/umwelt-ethischer-konsum-wertewandel-oder-lippenbekenntnisse-dpa.urn-newsml-dpa-com-20090101-150422-99-08470. Zugegriffen: 12. Dez. 2017.

Walter, B. L. (2010). *Verantwortliche Unternehmensführung überzeugend kommunizieren. Strategien für mehr Transparenz und Glaubwürdigkeit.* Wiesbaden: Gabler.

Wenzel, E., Kirig, A., & Rauch, C. (2008). *Greenomics. Wie der grüne Lifestyle Märkte und Konsumenten verändert.* München: Redline Wirtschaft.

World Economic Forum. (2018). The Global Risks Report 2018. https://www.weforum.org/reports/the-global-risks-report-2018. Zugegriffen: 22. Febr. 2018.

Zerfaß, A. (2010). *Unternehmensführung und Öffentlichkeitsarbeit* (3. Aufl.). Wiesbaden: VS Verlag.

Printed in the United States
By Bookmasters